中国石化
SINOPEC

2021版

中国石化工会组织标准化规范化建设

工作手册

中国石油化工集团有限公司工会工委◎编

中国经济出版社
CHINA ECONOMIC PUBLISHING HOUSE
中国石化出版社
HTTP://WWW.SINOPEC-PRESS.COM

图书在版编目（CIP）数据

中国石化工会组织标准化规范化建设工作手册/中国石油化工集团有限公司工会工委编．--北京：中国经济出版社：中国石化出版社，2021.7（2022.7 重印）

ISBN 978－7－5136－6522－3

Ⅰ.①中… Ⅱ.①中… Ⅲ.①石油化工企业－工会工作－中国－手册 Ⅳ.①D412.6－62

中国版本图书馆 CIP 数据核字（2021）第 130009 号

策划编辑 海 毅
责任编辑 孙晓霞
责任印制 马小宾
封面设计 任燕飞设计工作室

出版发行 中国经济出版社
印 刷 者 北京富泰印刷有限责任公司
经 销 者 各地新华书店
开 本 710mm×1000mm 1/16
印 张 14.5
字 数 156 千字
版 次 2021 年 7 月第 1 版
印 次 2022 年 7 月第 4 次
定 价 39.00 元
广告经营许可证 京西工商广字第 8179 号

中国经济出版社 **网址** www.economyph.com **社址** 北京市东城区安定门外大街 58 号 **邮编** 100011
本版图书如存在印装质量问题，请与本社销售中心联系调换（联系电话：010－57512564）

编委会

前言
PREFACE

党的十八大以来，以习近平同志为核心的党中央站在党和国家事业发展的战略高度，高度重视工人阶级和工会工作，为发挥工人阶级主力军作用和做好工会工作指明方向。习近平总书记关于工人阶级和工会工作的重要论述，深刻阐明了工会工作的地位作用、目标任务、实践要求，为新时代工运事业和工会工作创新发展指明了前进方向、提供了根本遵循。

习近平总书记指出，工会是党联系职工群众的桥梁和纽带，工会工作是党的群团工作、群众工作的重要组成部分，是党治国理政的一项经常性、基础性工作。新形势下，工会工作只能加强，不能削弱；只能改进提高，不能停滞不前。时代在发展，事业在创新，工会工作也要发展、要创新；要顺应时代要求、适应社会变化，善于创造科学有效的工作方法，让职工群众真正感受到工会是“职工之家”，工会干部是最可信赖的“娘家人”。

为进一步深入贯彻习近平新时代中国特色社会主义思想，特别是习近平总书记关于工人阶级和工会工作的重要论述，不断提高工会组织工作标准化规范化水平，中国石油化工集团有限公司工会工委依据相关法律法规和制度规定，结合中国石化集团公司实际，编写了《中国石化工会组织标准化规范化建设工作手册(2021 版)》。本书主要着眼具体操作层面，从工会组织自身建设、维护职工权益、促进企业发展、竭诚服务职工等方面，对基层组织管理、职工代表大会、厂务公开、劳动竞赛、创新工作室建设、帮扶救助、文体活动等工作提出了工作要求、明确了工作流程、提供了常用模板，具有较强的针对性、指导性和实用性。

希望各直属单位工会和广大工会工作者用好这本手册，锚定“站排头、争第一”目标，明确工作标准化规范化路径方法，补齐工作中的短板漏洞，推动工会工作再上新台阶，为中国石化打造世界领先洁净能源化工公司、为竭诚服务广大职工作出新的更大贡献。

目 录
CONTENTS

第一章 工会组织自身建设

第二章　维护职工权益

第三章　促进企业发展

第一章

工会组织自身建设

第一节　基层工会组织组建

一、工作要求

凡在中国境内的企业、事业单位、机关和其他社会组织中，以工资收入为主要生活来源或者与用人单位建立劳动关系的体力劳动者和脑力劳动者，不分民族、种族、性别、职业、宗教信仰、教育程度，承认工会章程，都可以加入工会为会员。

企业应当依法建立工会组织。会员有 25 人以上的，应当成立工会基层委员会；不足 25 人的，可以单独建立工会基层委员会，也可以由两个以上单位的会员联合建立工会基层委员会，还可以选举组织委员或者工会主席一人，主持基层工会工作。

会员不足 100 人的基层工会组织，应召开会员大会；会员 100 人以上的基层工会组织，应召开会员大会或会员代表大会。

会员 200 人以上企业、事业单位的工会设专职工会主席。工会专职工作人员一般按不低于企业职工人数的千分之三配备，具体人数由上级工会、企业工会与企业行政协商确定。

基层工会具备法人条件，依法取得社团法人资格，工会主席或者主持工作的副主席为法定代表人。

中国石化直属单位新组建工会组织按照《工会基层组织选举工作条例》（总工发〔2016〕27 号）规定执行。

具体工作程序、内容和要求如下：

工作程序	工作内容及要求	附件
单位向上级工会提出建会申请	应事先请示同级党委同意，争取单位行政支持	
	向上级工会书面申请，由同级党委提出筹备领导小组建议人选	模板1－1
	上级工会批准后，成立工会筹备领导小组。筹备组成员由同级党委代表和职工代表组成，根据工作需要，上级工会可以派人参加	模板1－2
筹备领导小组开展工作（发展会员、推荐两委委员等）	做好建立工会的宣传动员工作：向职工进行工会性质、任务、作用以及会员权利、义务等有关知识的宣传教育工作	
	发展会员，做好队伍建设：在宣传动员的基础上，做好发展会员的工作，填写会员登记表。发展会员以后，以班组或科室为单位建立工会小组。会员人数较多的单位，以部门或车间为单位建立工会分会	模板1－3 模板1－4
	会员人数超过200人的单位，以工会小组（分会）为单位按照会员人数相应比例推荐会员代表	
	推荐工会委员会委员、经费审查委员会委员候选人。以工会小组（分会）为单位，由会员（会员代表）推荐工会委员会委员、经费审查委员会委员人选建议名单	
召开会员（代表）大会前的准备	经充分酝酿，报请同级党委同意后，以筹备组的名义向上级工会上报召开工会会员（代表）大会的请示（包括工会委员会委员、经费审查委员会委员人选建议名单，工会主席、副主席和经审委主任、副主任人选建议名单及工作简历）	模板1－5 模板1－6
	上级工会批复同意后，工会委员会候选人建议名单应进行公示，不少于5个工作日；提前5个工作日将会议日程、议程和提交会议讨论的事项通知会员代表	

续表

工作程序	工作内容及要求	附件
召开会员（代表）大会	筹备组组长做工会筹备工作报告，选举产生工会委员会和经费审查委员会	模板 1－7 模板 1－8
	召开第一届工会委员会，选举工会主席、副主席，提名女职工委员会委员及召开女职工委员会召集人；召开第一届经费审查委员会，选举经费审查委员会主任、副主任	
报告选举结果及上级批复	会员（代表）大会结束后，向上级工会报告选举结果	模板 1－9
	上级工会自接到报告 15 日内对选举结果进行批复，批复文件同时报同级党委备案	模板 1－10
后续工作	刻制工会公章、经费审查委员会公章、工会财务章；办理《工会法人资格证书》及副本和《工会法人法定代表人证书》，银行开户等，做好日常管理工作	模板 1－11 至模板 1－13

二、工作流程

1. 会员发展流程

员工本人自愿申请

↓

工会基层委员会批准

↓

发给会员证或基层工会登记在册

↓

定期统计会员人数

↓

会员关系随劳动关系变动，凭会员证或原基层工会转接关系介绍信转接

2. 工会组织新组建流程

由同级党委提出建议人选，报上级工会批准后，成立工会筹备领导小组

↓

工会筹备领导小组负责工会日常工作，组织筹备工会会员（代表）大会，及时向党委和上级工会报告筹备情况

↓

召开会员（代表）大会，选举产生工会委员会委员和经费审查委员会委员

↓

召开两委第一次会议，选举工会主席、副主席和经费审查委员会主任、副主任

↓

向上级工会报告选举结果

↓

上级工会对选举结果进行批复

↓

做好后续工作

三、 常用模板

模板 1 –1

关于成立××（单位名称）工会的请示

××（上级单位名称）工会：

主要内容：

1. 单位的性质、任务、机构设置、职工情况、上级主管单位等基本情况。

2. 根据《中华人民共和国工会法》《中国工会章程》等法律法规，为了维护职工的合法权益、为了推进企业的发展，特申请成立××（单位名称）工会。

3. 拟成立××（单位名称）工会委员会筹备组，筹备组由××、××、××等几位同志（按姓氏笔画为序）组成；其中××同志为筹备组组长，××、××等×位同志为副组长。

妥否，请批示。

××（单位名称）党组织

年 月 日

电子模板1–1

模板1－2

关于同意成立××（单位名称）工会的批复

××（申请单位名称）党组织：

你单位关于建立工会组织的请示已收悉。

经研究：

1. 同意你单位成立工会组织。

2. 同意成立××（单位名称）工会筹备组，由××、××、××等××位同志（按姓氏笔画为序）组成；其中××同志为筹备组组长，××、××同志为副组长。

特此批复。

××（上级单位名称）工会

年　月　日

电子模板1－2

模板 1 –3

中华全国总工会入会申请书

我自愿加入中华全国总工会，遵守工会章程，执行工会决议，积极参加工会活动，为全面建成小康社会、把我国建设成为富强民主文明和谐美丽的社会主义现代化强国、实现中华民族伟大复兴的中国梦而奋斗。

申请人：

年　月　日

电子模板1–3

模板1－4

工会会员登记表

电子模板1-4

填表日期：____年__月__日

姓　名		性　别		民　族	
学　历		学　位		政治面貌	
身份证号　码				联系电话	
户　口所在地					
现居住地					
工作单位及职务					
个　人工　作简　历					
家庭主要成员以及联系方式					
有何特长					
工会基层委员会意　见	（盖　章） 年　月　日				
备　注	（注：该同志于____年__月__日因________转出会员关系。）				

中华全国总工会　制

模板 1－5

关于××（单位名称）工会召开第一次会员（代表）大会的请示

××（上级工会组织名称）：

在××（单位名称）工会筹备组领导下，××（单位名称）现有基层工会组织（工会小组）×个，工会会员×名。根据《中华人民共和国工会法》《中国工会章程》有关规定，拟于××年××月召开××（单位名称）工会第一次会员（代表）大会。现将有关事项请示如下。

一、会议议程

1. 宣布成立××工会。

2. 选举产生××工会第一届委员会和经费审查委员会。

二、代表的条件、构成及产生程序（如召开会员大会此项可以不写）

公司现有工会会员×名，拟定本次大会代表为×名，代表比例为×%，特邀代表×名，列席代表×名。

代表条件：①系中国工会会员；②拥护党的路线、方针、政策，在政治上、思想上、行动上同党中央保持一致；③热爱和支持工会工作，有一定的参政议政能力，能积极反映广大会员群众的愿望和要求；④工作勤恳、为人正直、作风正派，工作成效突出，得到大多数会员的拥护和信任。

代表构成：工会工作者、分会委员（或工会小组长）×名，占×%，工会积极分子×名，占×%；先进、模范人物×名，占×%；管理科技人员×名，占×%；一线职工×名，占×%。其中，女代表×名，占×%；×岁（根据公司青年职工年龄实际确定）以下青年×名，占×%；少数民族×名，占×%。

代表产生程序：首先将代表名额及代表构成要求下达分工会（或工会小组），进行充分协商，提出代表候选人建议名单，报代表资格审查委员会（或小组）；其次由分工会（或工会小组）召开会议进行差额选举；最后将选举结果报代表资格审查委员会（或小组）。大会代表差额比例为代表候选人名额多于应选代表总数的15%。

三、第一届工会委员会和经费审查委员会的产生

拟定××（单位名称）工会第一届委员会设主席1名，副主席×名（不设就不填写），委员×名（注意应为单数），工会委员会委员实行差额选举，差额比例为5%；经费审查委员会委员×名，主任1名，副主任1名（不设就不填写），实行等额选举。

工会委员会委员候选人建议名单如下：

××、××、××、××……

其中××为工会主席人选，××、××……为工会副主席人选。

工会经费审查委员会委员候选人建议名单如下：

××、××、××、××……

其中××为经费审查委员会主任人选，××为经费审查委员会副主任人选。

妥否，请批示。

附件：人选工作简历

××（单位名称）工会筹备组

年　月　日

电子模板1-5

模板1－6

关于同意××（单位名称）工会召开第一次会员（代表）大会的批复

××（单位名称）工会筹备组：

你会报送的《关于召开××（单位名称）工会第一次会员（代表）大会的请示》收悉。经研究，批复如下：

一、同意成立××（单位名称）工会。同意于××年××月召开第一次会员（代表）大会，同意会议议程、代表比例及产生方式。

二、同意××（单位名称）工会第一届委员会由××人组成，××、××、××、××等×人为第一届工会委员会委员人选，××为工会主席人选，××、××……为工会副主席人选。

三、同意××（单位名称）工会第一届经费审查委员会由××人组成，××、××、××、××等××人为第一届工会经费审查委员会委员人选，××为经费审查委员会主任人选，××为经费审查委员会副主任人选。

这次大会是××公司全体职工政治生活中的一件大事，请按照《中华人民共和国工会法》《中国工会章程》《工会基层组织选举工作条例》等有关规定，认真做好大会各项筹备工作，确保大会顺利召开。

××（上级工会组织名称）

年　月　日

电子模板1-6

模板 1－7

××（单位名称）工会筹备工作报告

电子模板1-7

各位领导、各位会员（代表），大家好！

我代表××（单位名称）工会筹备组，向大会汇报××（单位名称）工会筹备工作情况。

××（单位名称）工会是按照《中华人民共和国工会法》《中国工会章程》等法律法规的有关规定，按照“组织起来，切实维权”的原则，最广泛地把广大职工组织到工会组织中来。建立××（单位名称）工会，是为了稳定企业劳动关系，维护职工的合法权益，充分调动职工的积极性，增强企业的凝聚力的需要，有利于维护职工的合法权益，有利于规范企业管理，有利于提高职工的整体素质和能力水平，是树立企业声誉、促进企业发展的一件大事。

为确保建会工作的顺利进行，经请示××（上级工会名称）同意，我们成立了筹备工作组，召开了筹备工作会议，就建会工作统一了思想，提高了认识，研究制定了具体的实施方案。

一是发展会员。组建××（单位名称）工会的首要工作就是发展会员，我们深入职工当中，进行宣传、讲解、沟通，通过细致的工作，广大职工充分认识到建立工会非常必要，对维护他们的合法利益，促进企业的发展，增强企业的凝聚力都有好处。因此，广大职工积极响应，目前共有×余名职工登记入会。

二是我们按照《工会基层组织选举工作条例》，分配代表名额，经工会小组（分会）选举，共产生会员代表×人。

三是经我们筹备组研究，提出工会委员会委员建议候选人×名，经费审查委员会委员建议候选人×名，并整理了候选人的基本情况，拟提请会员代表大会进行选举。同时，我们拟定了大会议程及选举办法。

在时间紧、任务重的情况下，筹备组在上级领导的大力支持下，在全体职工的密切配合下，顺利完成筹备工作。在此，我代表筹备组的全体人员，向上级领导、向为组建工会辛勤工作的工作人员，向各位代表表示衷心的感谢！

最后，预祝××（单位名称）工会第一次会员（代表）大会圆满成功。

谢谢大家！

××（单位名称）工会筹备组

年　月　日

模板1－8

新组建工会会员（代表）大会主持词

电子模板1-8

各位来宾、各位会员（代表），大家好。

××（单位名称）工会第一届第一次会员（代表）大会现在开始。

××（单位名称）工会会员（代表）大会应到会员（代表）（正式代表）×名，实到会员（代表）×名，符合法定人数，可以开会。

首先，介绍今天参加大会的领导和来宾。

……

请全体起立，奏《中华人民共和国国歌》。请坐下。

现在进行大会第一项议程：请工会筹备组组长××同志做工会筹备工作报告。

现在进行大会第二项议程：通过大会选举办法，请工作人员宣读选举办法。（宣读毕）

下面对大会选举办法举手表决，同意的请举手，请放下；不同意的请举手，没有（或请放下）；弃权的请举手，没有（或请放下），一致通过（或通过）。（鼓掌）

现在进行大会第三项议程：通过××（单位名称）工会委员会和经费审查委员会候选人名单。请工作人员宣读候选人名单。（宣读毕）

下面对工会委员会候选人名单举手表决。同意的请举手，请放下；不同意的请举手，没有（或请放下）；弃权的请举手，没有

（或请放下）；一致通过（或通过）。（鼓掌）

下面对经费审查委员会候选人名单举手表决。同意的请举手，请放下；不同意的请举手，没有（或请放下）；弃权的请举手，没有（或请放下）；一致通过（或通过）。（鼓掌）

现在进行大会第四项议程：通过总监票人和监票人名单。请工作人员宣读总监票人和监票人名单。（宣读毕）

下面对总监票人和监票人名单举手表决。同意的请举手，请放下；不同意的请举手，没有（或请放下）；弃权的请举手，没有（或请放下）；一致通过（或通过）。（鼓掌）

现在进行大会第五项议程：选举××（单位名称）工会委员会、经费审查委员会。请工作人员宣读候选人名单。（宣读毕）

下面对工会委员会和经费审查委员会名单举手表决。同意的请举手，请放下；不同意的请举手，没有（或请放下）；弃权的请举手，没有（或请放下）；一致通过（或通过）。（鼓掌）

下面请总监票人具体实施选举工作。

（投完票后）请监票人和计票人员到指定地点计票。

（此处可休会）

（当总监票人进场后）

各位代表，现在继续开会。请总监票人宣布计票结果。

（主持人）宣布当选结果。

（短暂休会，分别召开工会委员会和经费审查委员会第一次会议）

请本单位领导讲话。

请上级领导讲话。

请全体起立，奏《国际歌》，本次大会到此结束。

模板1－9

关于××（单位名称）工会第一届委员会和经费审查委员会选举结果的报告

××（上级工会名称）：

××（单位名称）工会第一次会员（代表）大会于××年×月召开。会议应到会员（代表）×名，实到会员（代表）×名。在本次大会上，经无记名投票差额选举，由××（×票）、××（×票）、××（×票）、××（×票）、××（×票）等×位同志组成××（单位名称）工会第一届委员会；经无记名投票等额选举，由××（×票）、××（×票）、××（×票）等×位同志组成××（单位名称）工会第一届经费审查委员会。

在××（单位名称）工会第一届委员会第一次全体会议上，应到委员×名，实到委员×名，经无记名投票等额选举，××（×票）同志当选为工会主席，××（×票）、××（×票）同志当选为工会副主席；

在××（单位名称）工会第一届经费审查委员会第一次全体会议上，应到委员×名，实到委员×名，经无记名投票等额选举，××（×票）同志当选为经费审查委员会主任。

（如同时选举女工委主任、副主任，选举结果一并上报。）

特此报告。

电子模板1-9

××（单位名称）工会委员会（盖章）

年　月　日

模板 1－10

关于××（单位名称）工会第×届委员会和经费审查委员会选举结果的批复

××（单位名称）工会：

你会《关于××（单位名称）工会第一届委员会和经费审查委员会选举结果的报告》收悉，经研究，批复如下：

同意××、××、××等×位同志为××（单位名称）工会第一届委员会委员，××同志为工会主席，××、××……同志为工会副主席。

同意××、××等×位同志为××公司工会第一届经费审查委员会委员，××同志为经费审查委员会主任。

（如同时选举女工委主任、副主任，选举结果一并批复。）

××（上级工会名称）（盖章）

年　月　日

电子模板1－10

模板 1－11

电子模板1-11

工会会员信息统计表

序号	姓名	性别	出生年月	民族	文化程度	政治面貌	职务职称

模板 1 -12

工会委员会成员简要情况

电子模板1-12

会内职务	姓名	性别	出生年月	文化程度	政治面貌	单位及职务（职称）	备注

模板1－13

电子模板1-13

工会组织基本概况

序号	基本项目	基本情况	备注
1	工会主席		
2	工会委员会人数		
3	工会经费审查委员会人数		
4	工会女职工委员会人数		
5	基层工会组织数		
6	工会小组数		
7	用工总量		
8	工会会员人数		
9	总体入会率		
10	合同制职工人数		
11	合同制职工入会率		
12	其他形式人员人数		
13	其他形式人员数入会率		
14	女职工人数		
15	35 岁以下人数		
16	专职工会干部人数		
17	兼职工会干部人数		

第二节　工会组织换届选举

一、工作要求

工会基层委员会和经费审查委员会每届任期三年或五年，具体任期由会员大会或者会员代表大会决定。任期届满，应当如期召开会议进行换届选举。在特殊情况下，经上级工会批准，可以提前或者延期举行，延期时间一般不超过半年。

基层工会委员会委员名额，按会员人数确定：不足 25 人，设委员 3 ~ 5 人，也可以设主席或组织员 1 人；25 ~ 200 人，设委员 3 ~ 7 人；201 ~ 1000 人，设委员 7 ~ 15 人；1001 ~ 5000 人，设委员 15 ~ 21 人；5001 ~ 10000 人，设委员 21 ~ 29 人；10001 ~ 50000 人，设委员 29 ~ 37 人；50001 人以上，设委员 37 ~ 45 人。

基层工会委员会委员和常务委员会委员应差额选举产生，委员会委员和常务委员会委员的差额率分别不低于 5% 和 10%。常务委员会委员应从新当选的工会委员会委员中产生。主席、副主席应从新当选的工会委员会委员中产生，设立常务委员会的应从新当选的常务委员会委员中产生。

中国石化直属单位工会组织进行换届选举按照《工会基层组织选举工作条例》（总工发〔2016〕27 号）执行。

具体工作程序、内容和要求如下：

工作程序	工作内容及要求	附件
大会准备和宣传发动阶段	召开工会委员会全体会议，讨论并通过召开工会会员代表大会的决定和工作方案，研究、确定筹备工作有关事项，并明确职责、落实分工	
	提出一个具体的大会工作方案，报同级党委同意后，向上级工会书面请示（内容大致包括：大会的目的、任务、指导思想、议程、时间、出席大会的代表名额，各方面代表的比例，新一届工会委员会委员、主席、副主席候选人名单和经费审查委员会委员、主任、副主任候选人名单）	模板1－14
	上级工会对请示各项事项进行审查并及时作出批复	模板1－15
选举代表阶段	下发《关于召开工会会员代表大会的通知》（内容大致包括：经党委和上级工会同意，开会时间、大会任务、规模及代表的构成、条件和分配原则、新一届两委会的组成、具体工作安排和要求）	
	指导所属基层工会做好选举代表工作，审查代表选举程序和代表资格	
召开预备会议	通过大会主席团及秘书长建议名单，通过大会议程等	
第一次主席团会议	通过大会日程，审议通过筹备工作报告和会员代表资格审查报告	
召开第一次全体会议	核实、报告到会会员代表人数，超过应到代表总数的三分之二以上方可开会，作大会工作报告、财务工作报告、经费审查工作报告（草案）	
第二次主席团会议	原则通过三个报告，原则通过“两委”候选人名单，原则通过选举办法（草案）、监票人建议名单	模板1－16

续表

工作程序	工作内容及要求	附件
召开第二次全体会议	通过选举办法，通过总监票人、监票人名单，组织进行选举、计票；待第三次主席团会议结束后，宣布当选“两委”委员名单	模板1－17 模板1－18 模板1－19
第三次主席团会议	总监票人向主席团报告计票结果	模板1－20
新一届“两委”第一次全体会议	召开新一届工会委员会和经费审查委员会第一次会议，选举产生工会主席、副主席和经费审查委员会主任、副主任	模板1－21 模板1－22
召开第三次全体会议	宣布工会主席、副主席选举结果；宣布经费审查委员会主任、副主任选举结果；通过三个报告决议；党委领导讲话后，宣布大会闭幕（奏《国际歌》）	
选举结果报批	基层工会委员会以正式文件形式及时向同级党委、上级工会组织报告选举结果	模板1－23
	上级工会组织收到报告后审查选举程序和当选结果，15日内作出批复	模板1－24
	基层工会委员会将上级工会批复抄送同级党委备案	
资料归档	对大会报告、主持词等文件，选票、报告单等统计资料，照片、视频等音像资料进行收集、整理和归档	

二、 工作流程

1. 会议筹备

党委领导、工会组织、各方协助成立由单位党政工等方面组成的筹备组，下设若干工作小组

↓

提出召开工会会员代表大会筹备工作方案，向同级党委汇报

↓

向上级工会提出召开会员代表大会请示

↓

经上级工会批准，发出开会通知

↓

召开第一次筹委会宣布筹备工作领导机构、职责分工和进度要求

↓

全面启动筹备工作起草会议文件；选举代表；协商提出新一届工会委员会、经费审查委员会组成方案

↓

召开第二次筹委会会议汇报文件起草情况；汇报代表选举情况；汇报工会委员会、经费审查委员会建议人选情况；提出大会主席团组成建议方案

↓

向同级党委汇报筹备情况会议整体筹备情况；工会委员会、经费审查委员会组成方案、建议人选；大会主席团组成方案、建议名单；大会时间、地点、日程安排

2. 预备会议

报告会员代表大会的筹备情况、代表资格审查情况或代表增替补情况

↓

通过大会主席团及秘书长建议名单

↓

通过大会议程（草案）

3. 第一次主席团会议

通过大会常务主席名单

↓

通过大会日程

↓

通过各日程执行主席名单

4. 第一次全体会议（开幕式）

核实、报告到会会员代表人数，介绍与会有关领导、来宾

↓

宣布大会开幕，奏《中华人民共和国国歌》

↓

上级领导、来宾讲话，行政领导讲话

↓

兄弟单位（团委等）致辞

↓

作工会工作报告、财务工作报告、经审工作报告

5. 主席团会议和分组讨论

第二次主席团会议，原则通过相关内容

↓

各代表团（组）讨论审议相关内容

↓

第二次全体会议选举结束后，
第三次主席团会议听取计票结果

6. 第二次全体会议

通过选举办法，通过总监票人、监票人名单

↓

宣布计票人名单

↓

选举计票

↓

总监票人向主席团报告计票结果

↓

宣布选举结果

7. 新一届工会委员会第一次全体会议

通过选举办法

↓

通过监票人建议名单

↓

宣布计票人名单

↓

选举计票

↓

宣布选举结果

8. 新一届工会经费审查委员会第一次全体会议

通过选举办法

↓

通过监票人建议名单

↓

宣布计票人名单

↓

选举计票

↓

宣布选举结果

9. 第三次全体会议（闭幕式）

宣布工会主席、副主席，选举结果

↓

宣布经审委主任、副主任选举结果

↓

通过三个报告决议

↓

党委领导讲话

↓

宣布大会闭幕，奏《国际歌》

10. 会后工作

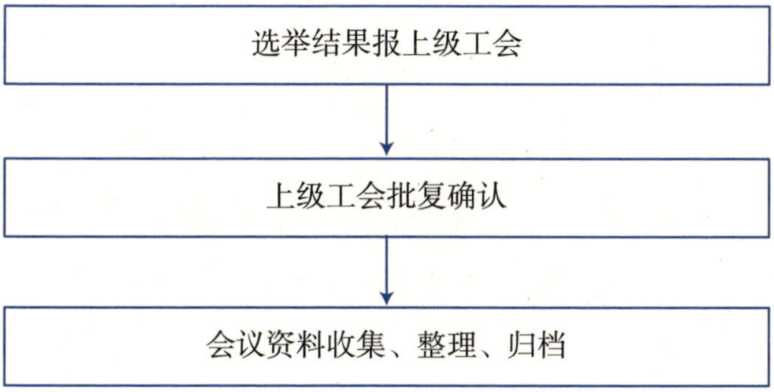

三、常用模板

模板 1－14

关于××（单位名称）工会召开会员（代表）大会的请示

××（上级单位名称）工会：

××（单位名称）工会第×次会员（代表）大会自××年××月召开至今，已×（应填写三年或五年）年。根据《中华人民共和国工会法》和《中国工会章程》的有关规定，任期已满。经本单位党委同意，拟于××年××月召开××（单位名称）工会第×次会员（代表）大会。现就有关事项请示如下。

一、大会的主要任务

本次会员（代表）大会的主要任务是：①通过××（单位名称）工会第×届委员会和经费审查委员会工作报告；②选举产生××（单位名称）工会第×届委员会和经费审查委员会。

二、代表的条件、构成及产生程序（如召开会员大会此项可以不写）

公司现有工会会员×名，拟定本次大会代表为×名，代表比例为×%，特邀代表×名，列席代表×名。

代表条件：①系中国工会会员；②拥护党的路线、方针、政策，在政治上、思想上、行动上同党中央保持一致；③热爱和支持工会工作，有一定的参政议政能力，能积极反映广大会员群众的愿望和要求；④工作勤恳、为人正直、作风正派，工作成效突出，得到大多数会员的拥护和信任。

代表构成：工会工作者、分会委员（或工会小组长）×名，占×%，工会积极分子×名，占×%；先进、模范人物×名，占×%；管理科技人员×名，占×%；一线职工×名，占×%。其中，女代表×名，占×%；×岁（根据公司青年职工年龄实际确定）以下×名，占×%；少数民族×名，占×%。

代表产生程序：首先将代表名额及代表构成要求下达分工会（或工会小组），进行充分协商，提出代表候选人建议名单，报代表资格审查委员会（或小组）；其次由分工会（或工会小组）召开会议进行差额选举；最后将选举结果报代表资格审查委员会（或小组）。大会代表差额比例为代表候选人名额多于应选代表总数的15%。

三、第×届工会委员会和经费审查委员会的产生

拟定××（单位名称）工会第×届委员会设主席1名，副主席×名（不设就不填写），委员×名（注意应为单数），工会委员会委员实行差额选举，差额比例为5%；经费审查委员会委员×名，主任1名，副主任1名（不设就不填写），实行等额选举。

工会委员会委员候选人建议名单如下：

××、××、××、××……

其中××为工会主席人选，××、××……为工会副主席人选。

工会经费审查委员会委员候选人建议名单如下：

××、××、××、××……

其中××为经费审查委员会主任人选，××为经费审查委员会副主任人选。

四、大会的筹备

本次会员（代表）大会在××（单位名称）党委和上级工会的领导下开展工作。大会的各项筹备工作，由××工会第×届委员会负责实施。

妥否，请批示。

附：人选基本情况

××（单位名称）工会委员会（盖章）

年　月　日

电子模板1-14

模板 1－15

关于同意××（单位名称）工会召开会员（代表）大会的批复

××（单位名称）工会：

你会报送的《关于××（单位名称）工会召开会员（代表）大会的请示》收悉。经研究，批复如下：

一、同意你工会于××年××月召开第×次（会员）代表大会。

二、同意××（单位名称）工会第×届委员会由×人组成，××、××、××、××等×人为第×届工会委员会委员人选，××为工会主席人选，××、××……为工会副主席人选。

三、同意××（单位名称）工会第×届经费审查委员会由×人组成，××、××、××、××……等×人为第×届工会经费审查委员会委员人选，××为经费审查委员会主任人选，××为经费审查委员会副主任人选。

这次大会是××公司全体职工政治生活中的一件大事，请按照《中华人民共和国工会法》《中国工会章程》《工会基层组织选举工作条例》等有关规定，认真做好大会各项筹备工作，确保大会顺利召开。

××（上级单位名称）工会

年　月　日

电子模板1－15

模板1－16

××（单位名称）工会第×次会员（代表）大会选举办法

××年××月××日第×次会员（代表）大会通过

一、根据《中国工会章程》和《工会基层组织选举工作条例》有关规定，制定本办法。

二、大会选举采取无记名投票方式，候选人按姓氏笔画为序排列，工会委员选举实行差额选举，经费审查委员和女工委员实行等额选举。

三、工会委员、经费审查委员候选人得票数超过应到会会员（代表）（正式代表）的半数，始得当选，如得票数超过半数的候选人多于应选名额，以得票多少为序，到取足应选名额为止。

四、出席本次大会的会员（代表）（正式代表）有选举权，工会的会员有被选举权。选举时，参加选举的会员（代表）（正式代表）必须超过应到会员（代表）总数（正式代表）的三分之二方可进行工会委员、经费审查委员选举。

五、大会选举时，采取无记名投票方式，对选票上的候选人，会员（代表）可以表示赞成、反对或者弃权，也可另选他人。赞成的在候选人姓名上方空格内画“○”，反对的画“×”，弃权的不画任何符号。表示弃权的，不能另选他人；表示反对的可以另选他人。如另选他人须在另选人空格内填写另选人姓名，并在其姓名上方空格内画“○”。同时否决选票上相应数量的名额。

六、每张选票所同意的人数不得超过应选人数，否则为废票。

七、大会选举时，会员（代表）按顺序投票。投票结束后，当场开箱清点选票，收回的选票等于或少于发出的选票，选举有效；多于发出的选票，选举无效，应重新进行选举。

八、选票一律用签字笔填写，符号要准确、清楚。

九、大会选举设总监票人 1 名，监票人 × 名。总监票人、监票人由筹备组提交大会通过。总监票人、监票人对选举全过程进行监督。

十、计票完毕，总监票人向大会报告计票结果并向大会宣布，由大会主持人宣布选举结果。

十一、本选举办法经 × ×（单位名称）工会第 × 次会员（代表）大会通过后生效。

电子模板1-16

模板1－17

工会会员（代表）大会选举主持词

请监票人和工作人员到位。

请监票人和工作人员清点到会人数。

现在报告到会会员（代表）人数：本次大会应到会员（代表）×人，实到会员（代表）×人，符合法定人数，可以进行选举。

下面请监票人和工作人员分发选票。

请大家认真看一下选票是否都领到了？有没有没领到选票的？有没有领重的？没有。

本次大会领到工会委员会委员选票×张、经费审查委员会委员选票×张，发出工会委员会委员选票×张、经费审查委员会委员选票×张（剩余×张，现将剩余选票剪角作废）。

在填写选票前，我再强调一下填写注意事项（念选票上的说明）。

下面请大家填写选票。

现在请监票人检验票箱。

请把票箱封箱。

投票前，我宣布一下投票顺序：总监票人和监票人先投票，主席台上的代表投票，然后是计票人员，最后请会员（代表）在计票人员引导下按顺序投票。

现在开始投票。（放进行曲）

都投完票了吗？有没有没投票的？

现在请监票人和工作人员开箱清点选票。

各位代表，本次大会发出工会委员会委员选票×张、经费审查委员会委员选票×张，收回工会委员会委员选票×张、经费审查委员会委员选票×张，收回的选票等于发出的选票，此选举有效。

下面我宣布计票结果。

本次大会到此结束。

电子模板1-17

模板1－18

工会委员会委员选票样式

电子模板1-18

××（单位名称）工会第×届委员会委员候选人

（共×名，以姓氏笔画为序）

符　号	
候选人	
符　号	
另选人	

说明：

1. 赞成的在候选人姓名上方空格内画“○”，反对的画“×”，弃权的不画任何符号。表示弃权的，不能另选他人；表示反对的可以另选他人。如另选他人须在另选人空格内填写另选人姓名，并在其姓名上方空格内画“○”。同时否决选票上相应数量的名额。
2. 每张选票应选×人，等于或少于应选人数的为有效票，多于应选人数的为废票。
3. 选票一律用签字笔填写，符号要准确、清楚。

模板 1 –19

经费审查委员会委员选票样式

电子模板1–19

××（单位名称）工会第×届经费审查委员会委员候选人

（共×名，以姓氏笔画为序）

符　号	
候选人	
符　号	
另选人	

说明：

1. 赞成的在候选人姓名上方空格内画“○”；反对的画“×”，弃权的不画任何符号。表示弃权的，不能另选他人；表示反对的可以另选他人。如另选他人须在另选人空格内填写另选人姓名，并在其姓名上方空格内画“○”。同时否决选票上相应数量的名额。
2. 每张选票应选×人，等于或少于应选人数的为有效票，多于应选人数的为废票。
3. 选票一律用签字笔填写，符号要准确、清楚。

模板 1－20

电子模板1-20

选举计票结果报告单

本次大会应到代表×人，实到代表×人。

大会发出工会委员会委员选票×张，收回×张，其中废票×张，有效选票×张。

选票统计结果如下：（按得票多少为序）

××（单位名称）工会第×届委员会（经费审查委员会）
选举计票结果报告单

候选人姓名	同意票数

另选他人情况：姓名________，同意票数________。

总监票人（签字）：

监票人（签字）：

年　月　日

模板 1 －21

××（单位名称）工会第×届委员会
主席、副主席选举办法（草案）

一、根据《中国工会章程》和《工会基层组织选举工作条例》有关规定，制定本选举办法。

二、××（单位名称）工会第×届委员会主席、副主席的选举工作由大会主席团推荐一名新当选的工会委员会委员主持。

三、××（单位名称）工会第×届委员会主席、副主席候选人，由××（单位名称）工会第×届（上届）委员会提出建议名单，报请××（单位名称）党委和××（上级单位名称）工会审查同意，经××（单位名称）工会第×届工会委员会审议通过后进行正式选举。

四、到会委员必须超过应到会委员人数的三分之二以上方可进行选举。

五、××（单位名称）工会第×届委员会委员都有选举权和被选举权。

六、××（单位名称）工会第×届委员会主席、副主席的选举均采用等额选举、无记名投票的方式进行。

七、候选人得票数超过应到会委员半数的，始为当选。

八、收回的选票等于或少于发出的选票，选举有效；收回的选票多于发出的选票，选举无效，应重新选举。

九、对选票上的候选人，可表示同意、不同意或弃权。同意的在其姓名上方空格内画“○”，不同意的画“×”，两种符号均不画的为弃权票；如另选他人，要在姓名一栏空格内写上被选人的姓名，并在其上方的空格内画上“○”。每张选票所选举的人数，等于或少于应选人数的为有效票，多于应选人数的为废票。

十、盖有“××（单位名称）工会委员会”印章的选票为正式选票。画票一律用签字笔，符号要正确、清晰。所填选票全部模糊无法辨认的，视为废票。

十一、××（单位名称）工会第×届工会委员会第一次全体会议的总监票人、监票人、计票人经工会第×届委员会同意后，进行第×届委员会主席、副主席的选举监票、计票工作。

十二、投票结束后，当场开箱清点选票，总监票人将实际投票张数报告会议主持人；计票完毕，总监票人报告计票情况，由会议主持人向全体委员宣布选举结果。

十三、本选举办法未尽事宜依照《中国工会章程》和基层组织选举有关规定由全体委员讨论决定。

十四、本选举办法由全体委员讨论通过后执行。

电子模板1-21

模板 1 –22

× ×（单位名称）工会第 × 届经费审查委员会主任、副主任选举办法（草案）

一、根据《中国工会章程》和《工会基层组织选举工作条例》有关规定，制定本选举办法。

二、× ×（单位名称）工会第 × 届经费审查委员会主任、副主任的选举工作由大会主席团推荐一名新当选的经费审查委员会委员主持。

三、× ×（单位名称）工会第 × 届经费审查委员会主任、副主任候选人，由 × ×（单位名称）工会第 × 届（上届）委员会提出建议名单，报请 × ×（单位名称）党委和 × ×（上级单位名称）工会审查同意，经 × ×（单位名称）工会第 × 届经费审查委员会审议通过后进行正式选举。

四、到会委员必须超过应到会委员人数的三分之二以上方可进行选举。

五、× ×（单位名称）工会第 × 届经费审查委员会委员都有选举权和被选举权。

六、× ×（单位名称）工会第 × 届经费审查委员会主任、副主任的选举均采用等额选举、无记名投票的方式进行。

七、候选人得票数超过应到会委员半数的，始为当选。

八、收回的选票等于或少于发出的选票，选举有效；收回的选票多于发出的选票，选举无效，应重新选举。

九、对选票上的候选人，可表示同意、不同意或弃权。同意的在其姓名上方空格内画“○”，不同意的画“×”，两种符号均不画的为弃权票；如另选他人，要在姓名一栏空格内写上被选人的姓名，并在其上方的空格内画上“○”。每张选票所选举的人数，等于或少于应选人数的为有效票，多于应选人数的为废票。

十、盖有“××（单位名称）工会委员会”印章的选票为正式选票。划票一律用签字笔，符号要正确、清晰。所填选票全部模糊无法辨认的，视为废票。

十一、××（单位名称）工会第×届经费审查委员会第一次全体会议的总监票人、监票人、计票人经工会第×届委员会同意后，进行第×届经费审查委员会主任、副主任的选举监票、计票工作。

十二、投票结束后，当场开箱清点选票，总监票人将实际投票张数报告会议主持人；计票完毕，总监票人报告计票情况，由会议主持人向全体委员宣布选举结果。

十三、本选举办法未尽事宜依照《中国工会章程》和基层组织选举有关规定由全体委员讨论决定。

十四、本选举办法由全体委员讨论通过后执行。

电子模板1-22

模板 1－23

关于××（单位名称）工会第×届委员会和经费审查委员会选举结果的报告

××（上级单位名称）工会：

××（单位名称）工会第×次会员（代表）大会于××年××月召开。会议应到会员（代表）×名，实到会员（代表）×名。在本次大会上，经无记名投票差额选举，由××（×票）、××（×票）、××（×票）、××（×票）、××（×票）等×位同志组成××（单位名称）工会第×届委员会；以无记名投票等额选举，由××（×票）、××（×票）、××（×票）等×位同志组成××（单位名称）工会第×届经费审查委员会。

在××（单位名称）工会第×届委员会第一次全体会议上，应到委员×名，实到委员×名，经无记名投票等额选举，××（×票）同志当选为工会主席，××（×票）、××（×票）同志当选为工会副主席；

在××（单位名称）工会第×届经费审查委员会第一次全体会议上，应到委员×名，实到委员×名，经无记名投票等额选举，××（×票）同志当选为经费审查委员会主任。

（如同时选举女职委主任、副主任，选举结果一并上报。）

特此报告。

××（单位名称）工会委员会（盖章）

年　月　日

电子模板1-23

模板1－24

关于××（单位名称）工会第××届委员会和经费审查委员会选举结果的批复

××（单位名称）工会：

你会《关于××（单位名称）工会第×届委员会和经费审查委员会选举结果的报告》收悉，经研究，批复如下：

同意××、××、××等×位同志为××（单位名称）工会第×届委员会委员，××同志为工会主席，××、××……同志为工会副主席。

同意××、××等×位同志为××（单位名称）工会第×届经费审查委员会委员，××同志为经费审查委员会主任。

（如同时选举女工委主任、副主任，选举结果一并批复。）

××（上级单位名称）工会（盖章）

年　月　日

电子模板1-24

第三节　届中调整工会委员会和经费审查委员会

一、工作要求

基层工会主席、副主席任期未满时，不得随意调动其工作。因工作需要调动时，应征得本级工会委员会和上级工会的同意。基层工会主席因工作调动或其他原因空缺时，应及时按照相应民主程序进行补选。

补选主席、副主席，如候选人是委员的，可以由工会委员会选举产生，也可以由会员（代表）大会选举产生；如候选人不是委员的，可以经会员（代表）大会或工会委员会全体委员会议补选为委员后，由工会委员会全体委员会议选举产生。补选主席、副主席的任期为本届工会委员会尚未履行的期限。

经费审查委员会调整参照工会委员会调整进行。

中国石化直属单位工会组织进行届中补选工作按照《工会基层组织选举工作条例》（总工发〔2016〕27 号）执行。

具体工作程序、内容和要求如下：

工作程序	工作内容及要求	附件
向同级党委和上级工会组织请示	至少提前一个月以书面形式向同级党委和上级工会组织提出召开工会委员会会议的请示	模板 1－25
	上级工会组织收到召开工会委员会会议请示后，应及时与作出请示单位党委沟通并批复	模板 1－26
会前准备	准备候选人详细资料，起草选举办法等	
	同级党委和上级工会对人选同意后，下发会议通知	
召开会员（代表）大会或工会委员会全体委员会议	介绍候选人情况，宣读选举办法、通过监票人、计票人名单等	
	进行工会委员会委员补选	
	以不记名投票形式进行工会主席、工会副主席等额补选	
选举结果报批	基层工会委员会以正式文件形式及时向同级党委、上级工会组织报告选举结果	模板 1－27
	上级工会组织收到报告后，审查选举程序和当选结果并作出批复	模板 1－28
	基层工会委员会将上级工会批复抄送同级党委备案	
资料归档	规范整理和归档相关材料	

二、工作流程

1. 确定会议议程及日程安排
2. 了解委员会成员变动情况。若有变动，提出委员、主席、副主席补选建议人选，报请同级党委和上级工会
3. 准备候选人详细资料。起草选举办法，提出监票人、计票人建议名单，制作选票
4. 起草会议文件，做好会议前期准备工作
5. 同级党委和上级工会对人选批复同意后，下发会议通知
6. 召开会议，介绍候选人情况，进行委员、主席、副主席选举
7. 选举结果报同级党委和上级工会批复

三、 常用模板

模板1－25

关于调整××（单位名称）工会委员会、经费审查委员会的请示

××（上级单位名称）工会：

由于××原因，××、××等×名同志不再担任××（单位名称）工会委员会委员职务，××同志不再担任工会主席职务，××同志不再担任工会副主席职务。××、××等×名同志不再担任××（单位名称）工会经费审查委员会委员职务，××同志不再担任经费审查委员会主任职务。

根据《中华人民共和国工会法》《中国工会章程》有关规定，经公司工会委员会酝酿，报请公司党委同意，推荐××、××等×名同志为工会委员会委员人选，××同志为工会主席人选，××同志为工会副主席人选。××、××等×名同志为工会经费审查委员会委员人选，××同志为经费审查委员会主任人选。

妥否，请批示。

附件：人选简要情况

电子模板1-25

××（单位名称）工会委员会（盖章）

年　月　日

模板 1 –26

关于××（单位名称）工会委员会、经费审查委员会调整人选的批复

××（单位名称）工会：

你会《关于调整××（单位名称）工会委员会、经费审查委员会的请示》收悉。经研究，同意××、××等×名同志为工会委员会委员人选，××同志为工会主席人选，××同志为工会副主席人选。××、××等×名同志为工会经费审查委员会委员人选，××同志为经费审查委员会主任人选。

望严格按照《中国工会章程》《工会基层组织选举工作条例》等有关规定，认真做好选举工作。

特此批复。

××（上级单位名称）工会（盖章）

年　月　日

电子模板1-26

模板1－27

关于××（单位名称）工会委员会和经费审查委员会选举结果的报告

××（上级单位名称）工会：

××（单位名称）工会于××年××月召开工会委员会全体委员会议。会议应到委员×名，实到委员×名。在本次大会上，经无记名投票，选举××（×票）、××（×票）、××（×票）、××（×票）、××（×票）等×位同志为工会委员会委员，××（×票）同志当选为工会主席，××（×票）、××（×票）同志当选为工会副主席；选举××（×票）、××（×票）、××（×票）等×位同志为经费审查委员会委员，××（×票）同志当为经费审查委员会主任。

以上选举结果，请审批。

××（单位名称）工会委员会（盖章）

年　月　日

电子模板1-27

模板1－28

关于××（单位名称）工会第×届委员会和经费审查委员会选举结果的批复

××（单位名称）工会：

你会《关于××（单位名称）工会委员会和经费审查委员会选举结果的报告》收悉，经研究，批复如下：

同意××、××、××等×位同志为××（单位名称）工会委员会委员，××同志为工会主席，××、××……同志为工会副主席。

同意××、××等×位同志为××（单位名称）工会经费审查委员会委员，××同志为经费审查委员会主任。

××（上级单位名称）工会（盖章）

年　月　日

电子模板1-28

第四节 职工之家建设考核评价

一、工作要求

职工之家建设是加强基层工会建设的本质要求和综合载体。包括加强规范建设、强化思想引领、促进改革发展、落实维权制度、拓展服务载体和开展会员评价等工作。职工之家建设要以基层工会组织建设为基本标准，会员满意度测评为最终标准，根据单位自评、会员测评和上级考评结果综合评定，并将考评结果运用到党建考核评价中。

中国石化直属单位工会组织开展职工之家建设考核评价按照《中国石化直属单位工会工作（建家活动）考核评价办法（试行）》（中国石化群〔2015〕555 号）执行。

具体工作程序、内容和要求如下：

工作程序	工作内容及要求	附件
年初制定目标	根据年度工作重点建立完善“建家”工作规划及方案	
日常工作督导	对照“建家”工作目标，帮助解决实际问题，规范、完善工作	
	将“职工之家”建设向车间、班组延伸，与企业车间、班组建设紧密结合	
工作考核总结	根据“建家”考核办法开展单位自评	模板 1－29
	进行会员测评，对“建家”工作进行民主测评	模板 1－30
	整理相关工作总结和资料	
上级考核评价	听取“建家”工作汇报，查看“建家”工作台账及阵地建设；听取职工（会员）代表对“建家”工作的评价；组织民主测评，与单位党政领导进行交流，听取意见；结合日常了解掌握的情况，根据《考核标准》综合评定打分	
	将考评结果运用到党建考核中	
表彰总结	召开职工之家建设现场推进会议，评比模范职工之家并进行表彰，推广典型做法和优秀案例	

二、 工作流程

根据年度工作重点目标调整完善“建家”规则

↓

日常工作中认真落实规划

↓

年末根据《“建家”考核办法》开展单位自评和会员测评

↓

对“建家”工作进行民主评议

↓

整理“建家”活动总结、单位自评和会员测评结果等材料

↓

上级工会根据了解掌握情况对基层工会“建家”情况进行上级考评

↓

根据单位自评、会员测评和上级考评结果综合评定

↓

将评定结果运用到党建考核评价中

↓

总结推广职工之家建设典型事迹以及优秀案例经验和事迹

三、常用模板

模板 1－29

直属单位工会工作（建家活动）考核评价标准

序号	考核内容及分值（100 分）	工作要求及考核标准	自评分
1	组织建设（12 分）	（1）党政重视工会工作，党委每年至少两次听取工会工作情况汇报，工会从源头参与涉及职工切身利益重大事项的讨论并提出意见和建议（3 分）； （2）工会组织健全有力，按期换届，及时增补委员，工作制度及工作考核评价体系健全（2 分）； （3）职工（包括劳务派遣制员工）入会率达到 90% 以上（2 分）； （4）开展“建家”活动，年度有评比，评比有制度，活动有阵地，会员测评满意率达 80% 以上（3 分）； （5）每年不少于两次开展工会干部培训工作（2 分）	
2	民主管理（20 分）	（1）认真落实党组《关于建立和完善集团公司企事业单位职工代表大会制度的指导意见》《关于全心全意依靠职工办企业的指导意见》《关于进一步加强群众工作推进民主管理的指导意见》，制定实施细则或具体措施（2 分）； （2）坚持职代会制度，每年至少召开一次职代会（职工大会），落实职代会各项职权，程序规范，职工代表提案落实情况有报告、有反馈，一个月之内报送集团公司工会工委（5 分）	

续表

序号	考核内容及分值（100分）	工作要求及考核标准	自评分
2	民主管理（20分）	（3）认真执行职代会民主评议领导干部规定，将领导干部作风建设情况纳入评议监督权范畴，职代会民主评议领导干部资料完整齐全（4分）； （4）对于涉及职工切身利益的决策和重要规章制度，切实履行民主程序；厂务公开各项制度得到落实（3分）； （5）坚持平等协商集体合同制度，无违约情况发生，合同履约情况做到向职代会报告；有经平等协商提交职代会讨论通过的集体合同（协议）文本及经职代会通过的决议、决定（4分）； （6）建立健全职工代表巡视制度，定期组织职工代表培训（2分）	
3	群众性经济技术创新（16分）	（1）积极开展以劳动竞赛、合理化建议、技术攻关、劳模创新工作室创建等为主要形式的群众性经济技术创新活动，加强班组建设，有计划、有措施、有成效（4分）； （2）深入开展“创建学习型组织、争做知识型职工”和“工人先锋号”创建等活动，有计划、有措施、有成效（3分）； （3）充分发挥工会“大学校”作用，积极开展岗位练兵、技术比武，不断提升职工综合素质，有办法、有效果（3分）； （4）开展各类先进典型选树，有评比、有表彰、有宣传（3分）； （5）贯彻落实《中国石化劳动模范和先进集体评选表彰管理办法》，加强劳模管理，建立劳模档案，落实劳模政治经济待遇（3分）	

续表

序号	考核内容及分值（100分）	工作要求及考核标准	自评分
4	劳动保护（10分）	(1) 推动《关于完善在岗员工休假疗养制度的通知》全面实施，休假疗养补贴发放规范，职工休假率达80%以上（2分）； (2) 督促检查劳动保护法律法规的贯彻落实，劳动保护监督组织制度健全，工作有计划、有活动、有总结、有成效（3分）； (3) 积极开展“安康杯”竞赛，切实保障职工健康安全，有计划、有措施、有成效（3分）； (4) 落实《意见书》和《建议书》“两书”制度，参与重大事故调查处理（2分）	
5	宣教文化活动（10分）	(1) 强化思想引领，定期开展职工思想教育，及时掌握并向党政反映职工思想动态，并提出意见建议（3分）； (2) 做好工会工作典型经验的宣传推广，有载体、有效果（1分）； (3) 运用新媒体开展工作，并提供必要的人力物力和经费支持（3分）； (4) 广泛开展群众性文体活动，积极参加上级组织的文体活动（3分）	
6	帮扶救助走访慰问（10分）	(1) 贯彻落实《中国石化帮扶救助管理规定》，建立健全帮扶救助工作制度（1分）； (2) 多渠道筹措帮扶救助金及时到位，制订特困职工帮扶救助兜底措施，帮扶救助金管理使用规范透明（5分）； (3) 建立完善特困和困难职工档案，实行分级分类动态管理（2分）； (4) 扎实开展走访慰问工作，有计划、有总结（2分）	

续表

序号	考核内容及分值（100分）	工作要求及考核标准	自评分
7	女工工作（8分）	（1）女职工委员会组织健全，按时换届（1分）； （2）女职工工作有计划、有总结、有检查、有评比（1分）； （3）签订女职工特殊权益保护专项集体合同（协议），或在集体合同中有专门涉及女职工权益章节，有效维护女职工的特殊权益（3分）； （4）积极开展女职工素质工程、“巾帼文明示范岗”、五好文明家庭创建活动，有计划、有评比、有表彰（3分）	
8	经费管理（6分）	（1）行政足额拨付工会经费，工会及时上解经费（2分）； （2）建立经费预算、决算和经费审查监督制度，经费使用合法、合规、合理（2分）； （3）经审委发挥作用，每年审查一次工会财务工作情况，定期向会员大会或会员代表大会报告（2分）	
9	基础工作（8分）	（1）半年和年度工作有计划、有总结，建立日常工作例会制度，会员信息、会议记录等基础资料完整规范（2分）； （2）按时向上级工会组织报送工作计划、总结、重点工作信息和统计报表等相关材料（4分）； （3）积极参加上级工会组织的各种会议和活动（2分）	

电子模板1-29

模板 1 –30

直属单位工会工作（建家活动）会员测评表

电子模板1-30

年　　月　　日

测评的主要内容	满意	基本满意	不满意
本单位工会领导班子及女工委、经审委等组织健全；工会领导班子团结有力；年度“建家”计划征得会员认可并很好地组织落实；工会制度建设、工会台帐健全完善、工会资产管理规范；工会干部密切联系职工群众，关心职工疾苦，为职工说话、办事；基层工会经费收缴及使用情况合法、合规			
推动建立并坚持职代会制度；执行职代会民主评议领导干部规定；开展平等协商并签订集体合同（协议），包括女职工特殊权益保护专项集体合同（协议）；认真履行集体合同（协议）；民主管理工作制度化、规范化；积极参与劳动争议调解等			
开展劳动竞赛、合理化建议、技术创新、技能竞赛、劳模创新工作室创建等群众性经济技术创新活动；积极选树宣传各类先进典型；推动班组建设；实施岗位练兵和技术比武；监督企业执行国家有关安全、卫生、劳动保护及女职工劳动保护等规章制度；督促职工休假疗养制度落实，维护职工休息休假权			
规范开展帮扶救助工作，措施效果明显；建立特困和困难职工档案并实施分级分类动态管理；定期开展走访慰问等工作			
定期开展职工思想教育，及时反映职工思想动态；引导职工自觉践行企业文化；职工业余文体活动丰富多彩；充分利用新媒体与职工沟通交流			
对本单位“建家”工作的综合评价			
对本单位工会工作的意见和建议			

第五节 工会财务工作

一、工作要求

工会经费主要用于为职工服务和开展工会活动。各级工会组织应坚持正确使用方向，加强预算管理，优化支出结构，开展监督检查。具备社团法人资格的工会应当依法设立独立经费账户。

各级工会委员会按照规定编制和审批预算、决算，定期向会员大会或者会员代表大会和上级工会委员会报告经费收支和资产管理情况，接受上级和同级工会经费审查委员会审查监督。

工会审计是指各级工会经费审查委员会（以下简称经审委）依照《中华人民共和国工会法》和《中国工会章程》规定的职责、权限和程序，对工会经费收支、资产管理等全部经济活动的真实、合法与效益实施的审计监督。经审委下设办公室，承担经审委对本级和下级工会审计的职责。

中国石化直属单位工会财务工作按照《基层工会经费收支管理办法》（总工办发〔2017〕32 号）、《中国工会审计条例》（总工发〔2011〕27 号）规定执行。

具体工作程序、内容和要求如下：

<table>
<tr><th>工作程序</th><th>工作内容及要求</th><th>附件</th></tr>
<tr><td rowspan="2">起草年度预算</td><td>工会财务部门根据本年度工作计划和上年度工会经费决算情况编制年度工会经费预算草案</td><td>模板1-31</td></tr>
<tr><td>征求工会各部门意见，工会财务审核后由工会副主席初审</td><td></td></tr>
<tr><td rowspan="3">审定审议阶段</td><td>召开工会主席办公会对全年预算安排进行研究，确定全年工作重点和经费使用方向</td><td></td></tr>
<tr><td>主席办公会审议后，报请工会委员会和经费审查委员会审定</td><td></td></tr>
<tr><td>报上级工会审批后，工会财务备案</td><td></td></tr>
<tr><td rowspan="3">按照预算开展年度工会工作</td><td>工会部门填写工会经费使用审批单，履行工会经费使用程序</td><td></td></tr>
<tr><td>每月定期做好账务管理和报表编制工作</td><td>模板1-32</td></tr>
<tr><td>预算执行过程中遇有特殊情况，及时按照相关程序进行调整（每年以一次为限）</td><td></td></tr>
<tr><td rowspan="3">年终决算</td><td>工会财务年终对全年收支进行全面清理结算，编制决算报表</td><td>模板1-33</td></tr>
<tr><td>工会经费决算情况向工会委员会和经费审查委员会报告</td><td></td></tr>
<tr><td>工会主席签字确认后向上级工会备案</td><td></td></tr>
</table>

二、 工作流程

1. 日常财务工作流程

编制年度工会经费预算草案

↓

预算草案经工会委员会讨论，并经本级经费审查委员会审查通过

↓

报上级工会备案

↓

按照预算开展工作

↓

账务管理报表编制

↓

遇有特殊情况按程序进行调整

↓

年终编制年度决算表

↓

决算情况报告

↓

报上级工会备案

2. 工会经审工作流程

组织审计小组，确定审计项目、制定审计方案、发出审计通知

↓

审计小组听取被审计单位情况介绍，收集、查验必要资料，开展审查取证

↓

整理起草审计工作报告初稿

↓

征求被审计单位意见并要求被审计单位在征求意见书上签署意见

↓

核实情况并修改审计报告，定稿后报工会经费审查委员会

↓

审定后将审计报告送达被审计单位

↓

被审计单位收到审计报告后，将整改落实情况作书面报告

三、常用模板

模板1－31

工会经费收支预算表

科目		本年预算数	本年预算完成数	预算完成比例	说明
编号	名称				
401	**会费收入**				
402	**拨缴经费收入**				
403	**上级补助收入**				
40301	回拨补助				
40302	专项补助				
40303	超收补助				
40304	帮扶补助				
40305	送温暖补助				
40306	救灾补助				
40307	其他补助				
404	**政府补助收入**				
405	**行政补助收入**				
406	**事业收入**				
407	**投资收益**				

续表

科目		本年预算数	本年预算完成数	预算完成比例	说明
408	**其他收入**				
	本年收入合计				
501	**职工活动支出**				
50101	职工教育费				
50102	文体活动费				
50103	宣传活动费				
50104	其他活动支出				
502	**维权支出**				
50201	劳动关系协调费				
50202	劳动保护费				
50203	法律援助费				
50204	困难职工帮扶费				
50205	送温暖费				
50206	其他维权支出				
503	**业务支出**				
50301	培训费				
50302	会议费				
50303	外事费				
50304	专项业务费				
50305	其他业务支出				

续表

科目		本年预算数	本年预算完成数	预算完成比例	说明
504	**行政支出**				
50401	工资福利支出				
50402	商品和服务支出				
50403	对个人和家庭的补助				
50404	其他行政支出				
505	**资本性支出**				
50501	房屋建筑物购建				
50502	办公设备购置				
50503	专用设备购置				
50504	交通工具购置				
50505	大型修缮				
50506	信息网络购建				
50507	其他资本性支出				
506	**补助下级支出**				
50601	回拨补助				
50602	专项补助				
50603	超收补助				
50604	帮扶补助				
50605	送温暖补助				
50606	救灾补助				

续表

科目		本年预算数	本年预算完成数	预算完成比例	说明
50607	其他补助				
507	**事业支出**				
508	**其他支出**				
	预备费				
	本年支出合计				
	本年结余				
	加：上年结余				
	加：本年收回投资				
	减：本年投资				
	减：本年提取后备金				
	期末滚存结余				

工会主席：　　　　　　　　　　　　经费审查委员会主任：

财务负责人：　　　　　　　　　　　制表：

电子模板1-31

模板 1－32

电子模板1-32

工会经费收支明细

日　期	收/支	收支内容	收支金额	结余

模板1－33

工会经费收支决算表

电子模板1-33

科目		核定预算数	本年决算数	完成预算比例	说明
编号	名称				
401	**会费收入**				
402	**拨缴经费收入**				
403	**上级补助收入**				
40301	回拨补助				
40302	专项补助				
40303	超收补助				
40304	帮扶补助				
40305	送温暖补助				
40306	救灾补助				
40307	其他补助				
404	**政府补助收入**				
405	**行政补助收入**				
406	**事业收入**				
407	**投资收益**				
408	**其他收入**				
	本年收入合计				

续表

科目		核定预算数	本年决算数	完成预算比例	说明
501	**职工活动支出**				
50101	职工教育费				
50102	文体活动费				
50103	宣传活动费				
50104	其他活动支出				
502	**维权支出**				
50201	劳动关系协调费				
50202	劳动保护费				
50203	法律援助费				
50204	困难职工帮扶费				
50205	送温暖费				
50206	其他维权支出				
503	**业务支出**				
50301	培训费				
50302	会议费				
50303	外事费				
50304	专项业务费				
50305	其他业务支出				
504	**行政支出**				
50401	工资福利支出				

续表

科目		核定预算数	本年决算数	完成预算比例	说明
50402	商品和服务支出				
50403	对个人和家庭的补助				
50404	其他行政支出				
505	**资本性支出**				
50501	房屋建筑物购建				
50502	办公设备购置				
50503	专用设备购置				
50504	交通工具购置				
50505	大型修缮				
50506	信息网络购建				
50507	其他资本性支出				
506	**补助下级支出**				
50601	回拨补助				
50602	专项补助				
50603	超收补助				
50604	帮扶补助				
50605	送温暖补助				
50606	救灾补助				
50607	其他补助				
507	**事业支出**				

续表

科目		核定预算数	本年决算数	完成预算比例	说明
508	**其他支出**				
	预备费				
	本年支出合计				
	本年结余				
	加：上年结余				
	加：本年收回投资				
	减：本年投资				
	减：本年提取后备金				
	期末滚存结余				

工会主席：　　　　　　　　　　经费审查委员会主任：

财务负责人：　　　　　　　　　制表：

第二章

维护职工权益

第一节 职工（代表）大会

一、 工作要求

企业民主管理，是企事业单位职工依照法律法规和政策规定，参与本单位决策、管理和监督，企事业单位的经营管理者尊重、支持和保证职工行使知情权、参与权、表达权、监督权等民主权利的有组织的制度性、规范性活动。

职工代表大会（或职工大会，下同）是职工行使民主管理权力的机构，是企业民主管理的基本形式。

《企业民主管理规定》（总工发〔2012〕12 号）、《关于建立和完善集团公司企事业单位职工代表大会制度的指导意见》（中国石化党组〔2008〕20 号）规定如下。

1. 职工代表选举

依法享有政治权利并与本单位建立劳动关系的职工，均可当选为本单位的职工代表。职工代表应有良好的品行和较好的群众基础，有一定的生产、管理知识和工作经验，具有较强的参与民主管理的能力。

职工代表享有的权利与应当履行的义务，参见《企业民主管理规定》第二十八条、第二十九条。

职工代表由职工民主选举产生，一般按照下列程序进行：制定方案、宣传发动、推荐候选人、组织选举、资格审查、组成代表团。

具体工作程序、内容和要求如下：

工作程序	工作内容及要求	附件
制定方案	根据职工总数和机构设置情况，确定职工代表人数及名额分配办法，并根据实际情况划分选区，制定职工代表当选条件、结构比例要求、选举办法和具体工作方案。其中职工代表的人数和结构比例要求如下。 1. 职工代表的人数应根据本单位职工总数和职代会的会议规模等实际情况确定，既要保证职工代表的覆盖面和代表性，又要保证职代会制度的可操作性。 2. 职工代表大会的代表由工人、技术人员、管理人员、企业领导人员和其他方面的职工组成。其中，企业中层以上管理人员和领导人员原则上不超过职工代表总数的百分之二十；职工代表的结构应以一线职工（包括技能操作人员、技术人员和基层管理人员）为主体，一般不少于职工代表总数的百分之五十。 3. 在职工代表中，劳模先进人物、高技能领军人才、青年职工和女职工应占适当比例。 4. 根据需要，职代会可设置列席代表、特邀代表	
宣传发动	通过多种形式，向广大职工群众宣传职代会的任务、职权和意义，宣传职工代表的权利和义务	
推荐候选人	采取自下而上的方法，按结构要求推荐确定职工代表候选人	
组织选举	按照分配的职工代表名额和代表结构要求，采用无记名投票的方式差额选举产生正式职工代表。 选举须超过本选区全体职工总数的三分之二以上方为有效，候选人应经全体职工的过半数通过方为有效。 有条件的单位，也可以按照职工自荐、竞职演说、群众信任投票和组织审定的基本程序，实行职工代表竞选制。 上级职代会的代表一般从下级单位职代会的代表中选举产生	

续表

工作程序	工作内容及要求	附件
资格审查	职工代表资格审查委员会对代表资格进行审查，审查的主要内容包括：选出的职工代表是否依法享有政治权利并与本单位建立了劳动关系，选举过程是否严格履行民主程序，代表的结构比例是否符合相关规定，是否存在不正当竞选行为等，并向职代会报告审查结果	
组成代表团	职工代表选举产生后，应按照选举单位的隶属关系、工作性质、代表数量、区域分布，确定职工代表团。 团长、副团长由各代表团职工代表推选产生，负责组织本代表团的各项活动。 在职代会会议期间，职工代表团由大会主席团领导，闭会期间由单位工会负责组织开展工作	

2. 职工代表大会

职工代表大会每届任期为三年至五年。

职工代表大会行使的职权，参见《企业民主管理规定》第十三条、第十四条。

职工代表大会运作的程序化、规范化是职工代表参与民主管理、表达意愿的重要保证，其基本程序包括：会议筹备、预备会议、主席团会议、正式会议。

具体工作程序、内容和要求如下：

工作程序	工作内容及要求	附件
会议筹备	成立筹备组。按照党委领导、工会组织、各方协助的原则，成立由单位党政工等方面组成的筹备组，下设若干工作小组，负责完成职代会的各项筹备工作任务	
	下发通知。由筹备组向党委汇报拟召开职代会的有关筹备事项，确定议题，由党委下发召开职代会的通知	
	选举代表。按职工代表选举办法进行选举或增替补、调整	
	征集提案。发出征集提案通知，向全体职工征集提案	
	起草文件。根据职代会议题，行政相关职能部门负责起草行政工作报告以及需提交大会审议和决定的有关报告、方案、规定等；党委相关部门负责起草单位领导班子的述职报告、职代会领导讲话等；工会及各专门委员会负责起草职代会相关工作报告、职代会闭会期间临时解决的问题说明等	
	征集意见。凡提交职代会审议、讨论的各类报告、方案、规定等有关事宜，在不泄露商业秘密的前提下，一般应在正式会议召开前印发职工代表名单，广泛征集职工群众意见，时间不少于 7 天。将群众意见反馈筹备组，并责成专人进行修改，如所属单位分布广等原因，提前印发材料的确有困难，可根据实际情况决定	
	制定民主评议领导干部方案。由职代会民主评议领导干部委员会拟定民主评议领导干部工作实施方案或办法，提交党委审查后，通知被评议对象准备述职报告	

续表

<table>
<tr><th>工作程序</th><th>工作内容及要求</th><th>附件</th></tr>
<tr><td rowspan="4">会议筹备</td><td>提出大会主席团、秘书长及大会执行主席人选建议名单。主席团成员必须是本次职代会正式代表，人数可以根据单位的具体情况确定，成员应有技能操作人员、技术人员、管理人员和单位领导班子成员，其中技能操作人员、技术人员、管理人员应超过半数，劳模先进、青年职工和女职工代表在主席团成员中应有适当名额。根据需要从主席团成员中提出大会秘书长和执行主席建议人选，秘书长一般由工会主席担任，主持人从大会执行主席中产生</td><td></td></tr>
<tr><td>提出大会议程、日程草案</td><td></td></tr>
<tr><td>完成其他会务准备工作</td><td></td></tr>
<tr><td>筹备组向党委报告职代会筹备工作情况</td><td>模板 2－1</td></tr>
<tr><td rowspan="3">预备会议</td><td>报告本届（次）职代会的筹备情况、代表资格审查情况或代表增替补情况</td><td rowspan="3">模板 2－2</td></tr>
<tr><td>通过大会主席团及秘书长建议名单</td></tr>
<tr><td>通过大会议程草案</td></tr>
<tr><td rowspan="3">主席团会议</td><td>通过大会议程和日程安排，确定大会主席团分工</td><td rowspan="3">模板 2－3</td></tr>
<tr><td>听取各代表团讨论情况汇报</td></tr>
<tr><td>审议需要提请职代会最后表决或通过的决议草案及其他内容</td></tr>
</table>

续表

工作程序	工作内容及要求	附件
正式会议	核实、报告到会职工代表人数，确定是否可以开会	模板 2－4 模板 2－5
	听取和审议工作报告、各类专题报告、方案、规定等	
	由工会向大会报告上次职代会决议落实情况、提案执行情况、《集体合同》履行情况（人力资源部门）等，并就上次职代会闭会期间职代会联席会议所决定的问题向大会作出说明，提请本次大会确认	
	按照领导干部民主评议制度，由职代会民主评议领导干部委员会组织对单位领导班子及班子成员进行民主评议工作	
	以职工代表团为单位，组织职工代表对报告、议案、规定等进行审议讨论，提出建议。对大会的各项决议草案和需经大会选举或推荐的候选人进行酝酿。大会主席团成员分别参加本代表团讨论。大会联络员认真记录各代表团代表的讨论发言，整理、归纳后由代表团长向大会主席团汇报	
	大会选举和表决。选举需经职代会产生或通过的有关机构和人员；对各项报告、方案、规定及其他应提交职代会的内容进行表决	
	审议通过《集体合同（草案）》，由工会主席代表职工与企业主要领导代表用人单位签订或续签	
	通过大会决议	
	党委领导讲话	
	大会闭幕	

3. 职代会各项工作制度

职代会的工作制度，既是保证职代会正常运作的基本保证，也是职代会制度建设的重要内容。各单位应建立健全并认真执行职代会各项工作制度。

具体工作程序、内容和要求如下：

工作程序	工作内容及要求	附件
会议组织制度	职代会每届任期为三年至五年，每年至少召开一次会议，会议期间可根据会议的议题确定。遇有重大事项，经单位班子成员、工会或三分之一以上职工代表提议，并由同级党委审定同意后，可召开临时会议。 职代会出席人数必须超过全体职工代表总数的三分之二以上方可召开	
联席会议制度	职代会闭会期间，在党委领导下，由单位工会主持召开联席会议，就需要临时解决涉及职工切身利益的重要问题，以及对职代会审议通过的方案在实施中发生的个别需要作部分修改或补充的问题进行协商处理，履行民主程序。联席会议形成的意见、决议或决定，必须向下次职代会报告，提请确认	
专门委员会工作制度	一般设生产经营、民主评议、提案审查、生活福利等专门委员会。专门委员会接受职代会领导，为职代会依法行使职权服务	
民主评议领导干部制度	由民主评议领导干部委员会组织，以各代表团为单位，组织本团职工代表采取填写评议表的方式，对领导班子及其成员进行民主评议。 民主评议领导干部工作包括制定方案、述职、民主评议、结果处理等步骤	

续表

工作程序	工作内容及要求	附件
职工代表提案工作制度	提案的征集一般应在职代会召开前进行，会议期间可继续征集。提案内容主要包括生产经营、改革发展、薪酬分配、安全生产、生活福利、构建和谐等方面。提案应一事一案，以书面形式提出。每件提案须由1名正式代表提议、2名及以上正式代表附议方可有效。 提案一般进行两级审查：一是由提案人单位工会初审；二是由提案审查委员会进行审查	模板 2-6
职工代表巡视检查制度	巡视检查内容主要包括：职代会决议贯彻落实、厂务公开、《集体合同》履行、职工代表提案处理、劳动法律法规执行、安全技术措施和劳动保护项目实施、改革和生产经营管理重点难点问题的解决、涉及职工切身利益的热点问题处理情况等。 巡视检查期间，可采取听汇报、现场察看、查阅资料、召集职工座谈和跟踪检查等方法进行。 巡视检查结束后，要形成巡视检查报告。由党委、行政督促有关部门对存在问题及时整改，并将落实情况通过厂务公开等方式向职工代表反馈	

二、工作流程

1. 职工（代表）大会筹备流程

1. 成立筹备组，负责完成职代会各项筹备工作
2. 确定议题，由党委下发召开职代会的通知
3. 进行职工代表选举或增替补、调整
4. 向全体职工代表征集提案
5. 根据议题，起草职代会相关报告、说明等
6. 在不泄密的前提下，相关材料会前印发
职工代表名单并征求群众意见，时间不少于7天
7. 制定民主评议领导干部方案
8. 提出大会主席团、秘书长及大会执行主席人选建议名单
9. 提出大会议程、日程草案
10. 完成其他会务准备工作
11. 筹备组向党委报告职代会筹备工作情况

2. 职工代表选举流程

根据职工总数和机构设置情况，制定具体工作方案

↓

通过多种形式进行宣传发动

↓

按方案要求推荐确定职工代表候选人

↓

无记名投票方式差额选举职工代表

↓

进行职工代表资格审查

↓

职工代表选举产生后，组成代表团

3. 职工代表撤换、补选、增补流程

选举单位向上级工会提出建议名单

↓

上级工会进行核实、答复

↓

上级工会同意后，由原选举单位召开职代会进行无记名表决

↓

经应到会半数以上职工代表同意，可作出撤换职工代表的决定

↓

原选举单位按相应条件、构成要求进行补选

↓

结果报上级工会审查批准后，向选区职工公开

4. 职代会提案征集工作流程

- 提案征集
  - 一般在职代会召开前进行，会议期间也可继续征集
  - 主要内容：生产经营、改革发展、薪酬分配、安全生产、生活福利、构建和谐等
  - 提案应一事一案，以书面形式提出
  - 每件提案须1名正式代表提议、2名及以上正式代表附议方可有效
- 提案审理
  - 提案要符合党和国家方针政策和法律法规，符合单位实际，切实可行
  - 提案人单位工会初审
    - 属于所属单位职权范围内，送交所属单位有关领导和部门处理
    - 符合立案条件的，上报提案审查委员会
  - 提案审查委员会审查
    - 根据必要性和可行性，符合条件的提案即可立案
    - 一般性意见建议送交有关单位和部门直接处理
    - 不具备立案条件的，退回原单位，并予以解释说明
- 提案处理
  - 提案分类登记，送达主管领导批转有关部门，确定责任人和实施进度
  - 提案审查委员会对提案落实情况进行督察，将处理结果反馈给提议人
  - 立案、督办及落实情况要采取多种形式向职工公开，并在下次职代会上报告
  - 组织优秀提案、提案落实工作先进部门和个人评比表彰，促进提案工作顺利开展

5. 职代会主席团成员选举流程

筹备组与各代表团协商，提出候选人建议名单，提交各代表团召集全体代表讨论

↓

根据讨论的意见，由筹备组提出正式候选人建议名单，在职代会预备会议上选举或无记名表决产生

↓

补选、增补主席团成员流程同上

6. 职代会预备会议流程

报告职代会筹备、代表资格审查情况

↓

通过大会主席团及秘书长建议名单

↓

通过大会议程（草案）

7. 职代会第一次主席团会议流程

推选大会主席团常务主席

↓

通过大会各执行主席分组建议名单

↓

通过大会副秘书长建议名单

↓

通过大会日程（草案）

8. 职代会第一次全体会议流程

核实、报告到会职工代表人数，到会职工代表超过代表总数的三分之二方可开会

↓

宣布执行主席名单、大会议题和日程安排

↓

听取和审议工作报告、各类专题报告、方案、规定等职代会职权范围内的重大事项

↓

工会作职代会闭会期间联席会议协商处理重要问题的报告，提请本次大会确认

↓

听取领导班子及班子成员述职

↓

组织职工代表对报告、议案、规定等进行审议讨论；对领导班子及班子成员进行民主评议；对大会的各项决议草案和需经大会选举的候选人进行酝酿

9. 职代会第二次主席团会议流程

听取各代表团讨论情况汇报

↓

根据职工代表意见修改完善大会决议（草案）等

↓

审议需要请职代会最后表决通过的决议草案及其他内容

10. 职代会第二次全体会议流程

召开大会，听取大会文件修改情况报告、领导班子及班子成员民主评议情况报告

↓

选举需经职代会产生通过的机构人员，对报告、方案、规定及其他内容进行表决

↓

审议通过《集体合同》（草案）和《专项集体合同》（草案），由工会主席代表职工与行政主要领导代表用人单位签订或续签

↓

通过大会决议

↓

党委领导讲话

↓

大会闭幕

11. 职代会专门委员会产生流程

由工会或职代会筹委会根据有关规定，提出各专门委员会人员组成方案

↓

工会与行政有关方面协商后，召开工会委员会或职工代表团（组）长会议讨论，提出候选人建议名单，提交各代表团（组）征求意见

↓

经职代会筹委会审议后，正式提出各专门委员会候选人名单在职代会全体会议选举产生

12. 参加劳动争议调解委员会职工代表产生流程

按照确定的名额和条件，在职工代表中推荐参加劳动争议调解委员会候选人建议名单，提交各代表团讨论

↓

各代表团审议建议名单，提出意见与建议

↓

筹备组根据各代表团意见，正式确定候选人名单

↓

介绍候选人基本情况，在职代会全体会议上选举产生

13. 职代会正式会议流程

核实、报告到会职工代表人数，
到会职工代表超过代表总数的三分之二方可开会

宣布执行主席名单、大会议题和日程安排

职代会第一次全体会议流程

工会作职代会闭会期间联席会议协商处理重要问题的报告，
提请本次大会确认

听取领导班子及班子成员述职

组织职工代表对报告、议案、规定等进行审议讨论；
对领导班子及班子成员进行民主评议；
对大会的各项决议草案和需经大会选举的候选人进行酝酿

职代会第二次主席团会议流程

职代会第二次全体会议流程

选举需经职代会产生通过的机构人员，
对报告、方案、规定及其他内容进行表决

审议通过《集体合同》（草案）和《专项集体合同》（草案），
由工会主席代表职工与行政主要领导代表用人单位签订或续签

通过大会决议

党委领导讲话

大会闭幕

14. 民主评议领导人员流程

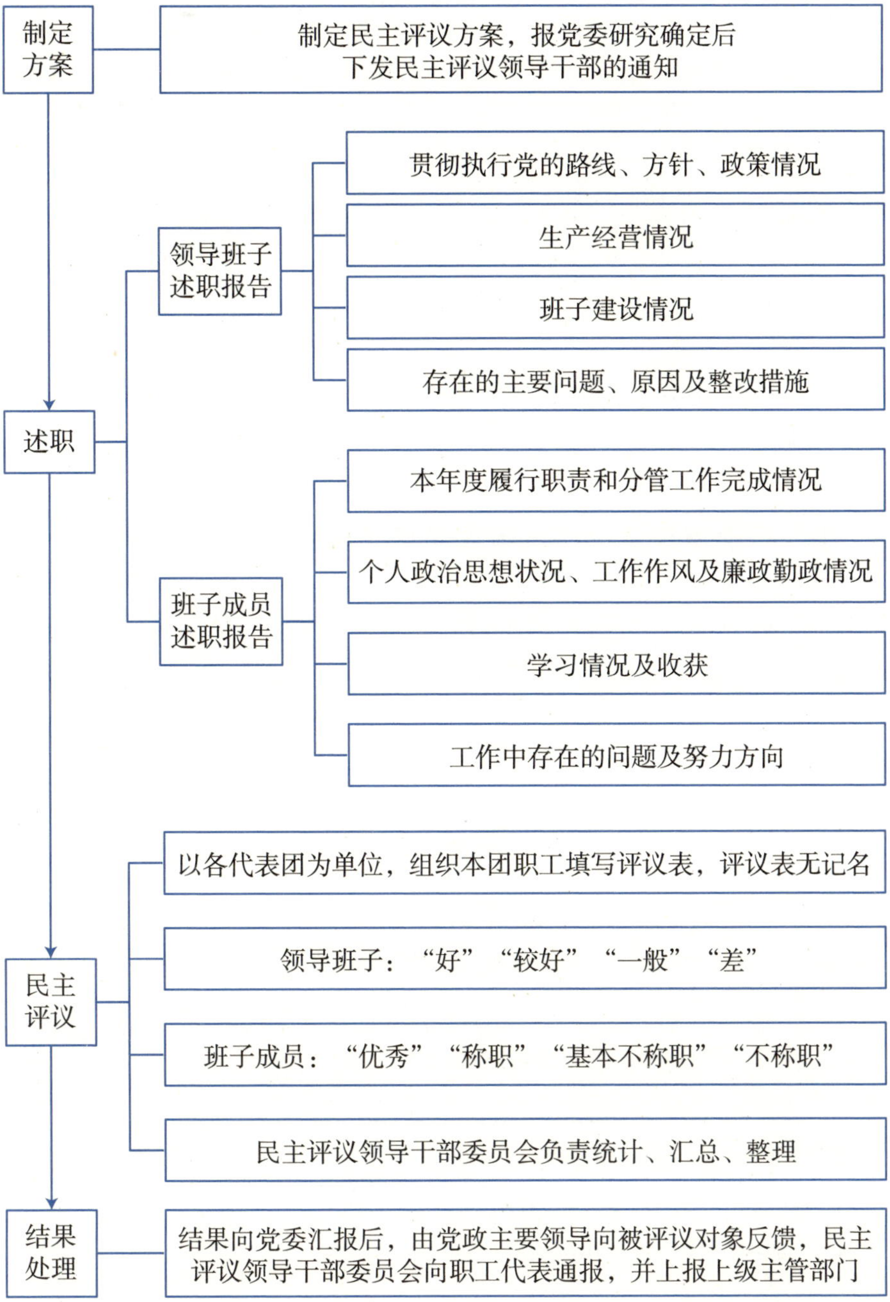

15. 职代会质询流程

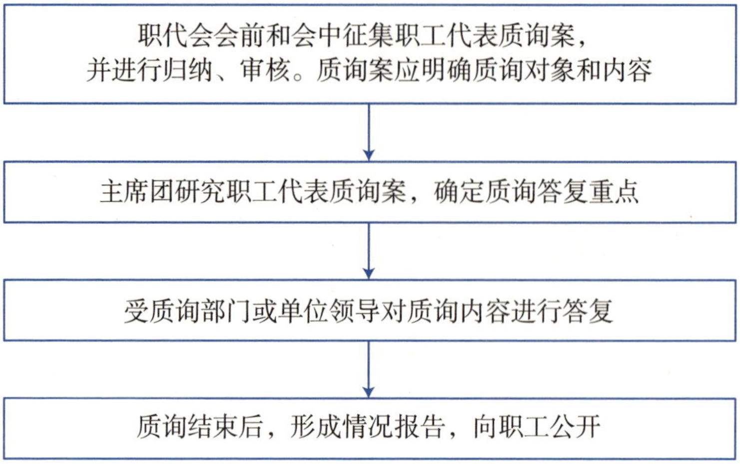

16. 行使审议建议权、审议通过权流程

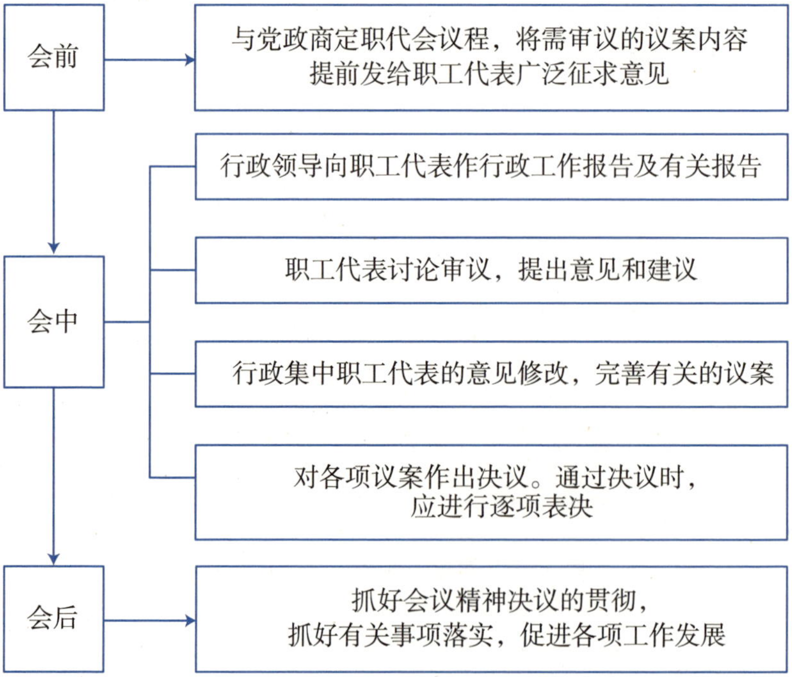

17. 行使评议监督权流程

职代会召开前一周，通知被评议人员准备好述职报告

↓

被评议的领导人员在职代会上作述职报告

↓

职工代表对领导人员进行评议和测评

↓

主管部门或评议干部小组汇总并向大会报告评议结果

↓

结果处理，被评议人员对存在问题进行整改

18. 行使民主选举权流程

按照上级主管部门要求，制定民主选举方法

↓

方案要经上级批准，要经分厂、车间职代会审议通过

↓

按方案进行民主选举

↓

选举结果及时向上级主管部门报告

19. 职代会联席会议流程

职代会闭会期间，遇有涉及职代会职权的需要临时解决的重要问题，而条件又不允许召开职代会时，由单位行政有关部门和工会协商提出需要临时讨论审议的书面议案，经单位党委同意后，由工会筹备召开

↓

将准备提交会议协商处理事项的文本（草案）提前一周左右发至参会人员和有关部门，征求意见。根据反馈意见修改完善草案

↓

召开会议进行讨论审议，根据表决结果形成处理意见、决议工会起草职代会联席会议协商处理有关事项报告，提请下次职代会确认

20. 职工代表述职流程

通知职工代表述职的时间地点，明确述职工作意义要求

↓

述职主要内容

↓

对职工代表进行评议和测评，形成书面材料向大会主席团报告

↓

宣布评议测评结果并向上级工会报告

↓

审议企业重大决策、重要规章制度

↓

提出提案和合理化建议

↓

反映职工群众意见要求

↓

参与代表巡视检查、专门委员会工作

↓

参与民主管理民主监督的经验体会

21. 职工代表巡视流程

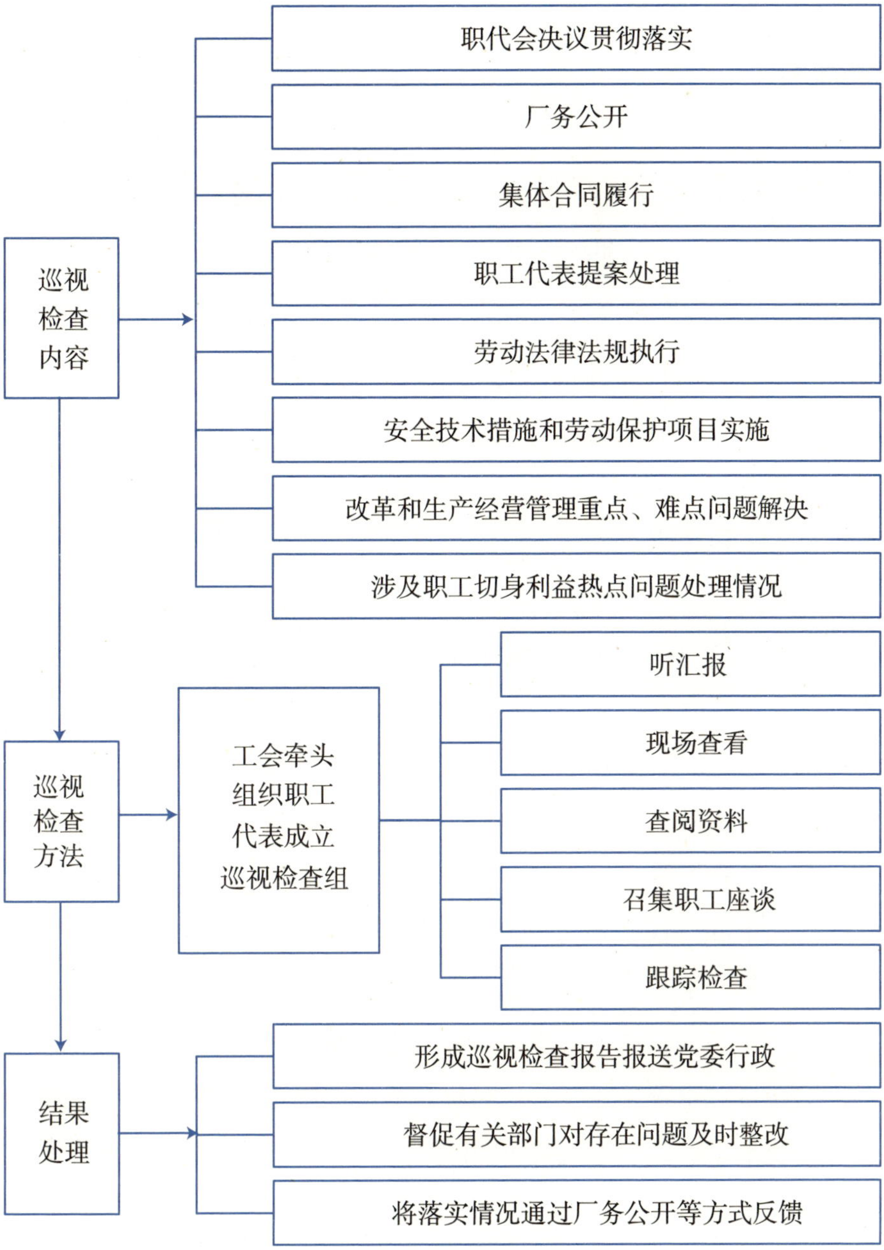
巡视检查内容
职代会决议贯彻落实
厂务公开
集体合同履行
职工代表提案处理
劳动法律法规执行
安全技术措施和劳动保护项目实施
改革和生产经营管理重点、难点问题解决
涉及职工切身利益热点问题处理情况
巡视检查方法
工会牵头组织职工代表成立巡视检查组
听汇报
现场查看
查阅资料
召集职工座谈
跟踪检查
结果处理
形成巡视检查报告报送党委行政
督促有关部门对存在问题及时整改
将落实情况通过厂务公开等方式反馈

三、常用模板

模板2－1

关于××（单位名称）召开第×届第×次职工代表大会的请示

××（单位名称）党委：

现将××（单位名称）召开第×届第×次职工代表大会有关事项请示如下：

一、指导思想

认真贯彻落实习近平新时代中国特色社会主义思想以及党的十九大和十九届四中、五中全会精神，坚持人民当家作主，落实党的依靠方针，充分发挥职代会民主管理主渠道作用，拓展深化厂务公开民主管理，切实增强职工主人翁责任感和使命感，团结动员广大职工为××努力奋斗。

二、主要议题

1. 听取和审议××（单位名称）工作报告并形成决议。

2. 听取和审议××（单位名称）绩效考核工作报告并形成决议。

3. 听取和审议××（单位名称）财务预决算报告并形成决议。

4. 听取和审议××（单位名称）职工健康管理报告并形成决议。

5. 听取和审议××（单位名称）职代会提案落实和新征提案情况报告。

6. 领导干部述职并进行民主评议和测评。

7. 听取业务招待费管理使用情况的报告。

8. 审议职工福利费使用情况及预算安排的报告。

9. 签订《集体合同》。

三、代表增替补及主席团组成

1. ××（单位名称）×届×次职代会的二级单位职工代表，因工作原因调离或退职退休，其代表资格终止，缺额由原选举单位对照《××××××》（制度名称），组织职工选举产生新的职工代表。

2. 本次职代会代表总数原则上×人。对于改革调整的单位，代表人数根据职工增减情况对应增减；对于单位领导发生变动的，代表人数应作出相应调整，并征得公司工会书面同意。

3. 职代会专门工作委员会成员发生变动或其他原因需调整的，各单位根据情况对应增替补。

4. 本次职代会主席团拟由×人组成。主席团候选人中，党政工团领导由公司工会提名，二级单位候选人由各单位推荐，提交职代会预备会议通过。二级单位候选人可为党政工领导和普通职工代表，专业技术和技能操作人员应占适当比例。

四、会议筹备及有关事项

1. 成立筹备工作领导小组。为顺利开好本次大会，拟成立大会筹备工作领导小组，下设秘书处，××同志兼任秘书长，××、××、××等同志任副秘书长，成员由机关部门有关人员组成。（附名单）

2. 成立职工代表资格审查委员会。职工代表资格审查委员会由××、××、××等同志组成，委员会主任由××同志担任。

3. 确保上次职代会提案落实。负责×届×次职代会提案落实的部门和单位，应对照职代会提案分工办理落实，将所负责提案的办理工作计划、落实情况、工作量、效果或暂未落实的原因，以及下阶段工作安排等情况，形成详细的书面材料报送公司的工会。

4. 做好本次职代会提案征集工作。发挥职工代表联系职工作用，广泛征集职工群众意见和建议，为××、××等建言献策。对职工群众反映的热点、难点问题，认真梳理概括后形成提案。各二级单位工会对提案进行初审后报送公司工会。

5. 认真做好文件起草工作。各有关部门应抓紧时间起草大会文件材料，凡提交大会讨论、审议和决定的有关文件材料，须在会前印发给职工代表。

6. 按时上报有关材料。各单位推荐的主席团成员候选人、职工代表名册纸报送公司工会。各单位确定一名联系人，做好大会的沟通协调工作。

妥否，请批示。

××（单位名称）工会委员会（盖章）

年　月　日

电子模板2-1

模板 2 -2

× ×（单位名称）第×届第×次职代会预备会议主持词

时　间：× ×月× ×日× ×

地　点：× × × × × ×

主持人：× ×

各位代表、同志们，经过认真筹备，× ×（单位名称）第×届第×次职工代表大会各项准备工作已经就绪，现在召开预备会议。

本次会议应到代表×人，因病因事请假×人，实到代表×人，超过应到代表总数的三分之二，本次大会通过的事项有效。预备会议内容有 4 项议程。

现在进行预备会第一项议程：请× ×同志作代表增替补及主席团组成情况说明，大家欢迎。

现在进行预备会第二项议程：通过大会主席团成员名单。

刚才，× ×同志对本次职代会主席团组成情况进行了说明，各位代表有没有什么意见？有意见请发表。

（稍停一下）如没有意见，鼓掌通过。

现在进行预备会第三项议程：通过大会秘书长、副秘书长名单。

本次大会的秘书长由× ×同志担任；副秘书长由× ×、× ×、× ×同志担任。各位代表有没有什么意见？有意见请发表。

（稍停一下）如没有意见，鼓掌通过。

现在进行预备会第四项议程：通过大会议程。

本次大会的主要议程有：

1. 审议工作报告并形成决议；
2. 审议绩效考核工作报告并形成决议；
3. 审议财务预决算报告并形成决议；
4. 审议职工健康管理工作报告并形成决议；
5. 审议职代会提案落实及新征情况报告；
6. 听取领导班子和领导干部述职并进行民主评议。

……

各位代表对以上议程有没有意见？有意见请发表。

（稍停一下）如没有意见，鼓掌通过。

本次预备会议内容全部结束。

电子模板2-2

模板 2 -3

× ×（单位名称）第×届第×次职代会主席团会议主持词

时　间：× ×月× ×日上/下午× ×时× ×分至× ×时× ×分

地　点：× × × × ×

主持人：× ×

各位主席团成员，现在召开主席团会议，主要内容是讨论审议×项决议、决定草案，确认各专门委员会委员候选人名单。相关内容已经印发，由于时间关系，不再宣读，两项内容一并讨论，各组召集人简要汇报这两项内容的讨论审议情况，其他人作补充。

第一组　　× × × ×

第一组的其他主席团成员还有没有要补充的？

第二组　　× × × ×

第二组的其他主席团成员还有没有要补充的？

第三组　　× × × ×

第三组的其他主席团成员还有没有要补充的？

第四组　　× × × ×

第四组的其他主席团成员还有没有要补充的？

第五组　　× × × ×

第五组的其他主席团成员还有没有要补充的？

请公司领导发表意见。（备注：逐一点名）

刚才各位领导和成员提出了许多宝贵的意见和建议，请工作人员抓紧时间修改，提交下午正式会议表决。

电子模板2-3

模板2－4

在××（单位名称）第×届职代会开幕式、第一次全体会议上的主持词

年　月　日

请工作人员清点到会人数。

各位代表、同志们，本次会议应到代表×人，缺席代表×人，实到代表×人，超过应到代表总数的三分之二，可以开会。现在我宣布：××（单位名称）第×届职工代表大会第×次会议开幕。请全体起立，奏唱《中华人民共和国国歌》。

（结束）请坐下。

本次会议共有×项议程。

现在进行大会第一项议程：请××同志作工作报告，大家欢迎。

现在进行大会第二项议程：请××同志作绩效考核工作报告，大家欢迎。

现在进行大会第三项议程：请××同志作财务预决算报告，大家欢迎。

现在进行大会第四项议程：请××同志作职工健康管理工作报告，大家欢迎。

现在进行大会第五项议程：请××同志作提案工作报告，大家欢迎。

现在进行大会第六项议程：领导班子和领导干部进行述职。

首先，请××同志代表领导班子述职，并进行个人述职；

下面，请××同志进行述职；

下面，请××同志进行述职；

下面，请××同志进行述职；

××同志因公出差，述职报告已在网上公示，经请示集团公司党组组织部同意，今天不在现场述职。

现在进行大会第七项议程：……

现在休会，请各代表团到各自分组讨论地点讨论审议各项工作报告及述职报告，请各讨论组召集人指定一人主持分组讨论；请主席团成员××时××分到×××会议室准时参加主席团会议。

电子模板2-4

模板2-5

××（单位名称）第×届职代会第二次全体会议、闭幕会议主持词

时　间：××月××日××时××分至××时××分

地　点：××××

主持人：××

各位代表、同志们，现在继续召开××（单位名称）第×届第×次职工代表大会。本次会议应到职工代表×人，因病因事请假×人，实到代表 ×人，超过应到代表总数的三分之二，可以开会。

首先，对大会决议、决定进行表决，共有×项内容，请工作人员就位。

1.（替补）选举公司职代会劳动保护、民主评议、提案审查、生活福利等专门工作委员会；（替补）选举参加公司劳动争议调解委员会的职工代表。

根据各代表团推荐、公司工会审核、主席团会议确认，××（单位名称）第×届职代会××工作委员会委员候选人，按姓氏笔画是：××、××、××、××、××。现提交大会表决。

同意的请举手。请放下。

不同意的请举手。

（工作人员摆手示意并说没有）没有。

（或说有×个）有×个，请放下。

弃权的请举手。

（工作人员摆手示意并说没有）没有。

（或说有 × 个）有 × 个，请放下。

……（其他专门委员会）

根据各代表团推荐、公司工会审核、主席团会议确认，参加公司劳动争议调解委员会的职工代表候选人，按姓氏笔画是：× ×、× ×、× ×。现提交大会表决。

同意的请举手。请放下。

不同意的请举手。

（工作人员摆手示意并说没有）没有。

（或说有 × 个）有 × 个，请放下。

弃权的请举手。

（工作人员摆手示意并说没有）没有。

（或说有 × 个）有 × 个，请放下。

2. 对绩效考核工作报告决议进行表决，请工作人员宣读决议草案。

现在进行表决。

同意的请举手。请放下。

不同意的请举手。

（工作人员摆手示意并说没有）没有。

（或说有 × 个）有 × 个，请放下。

弃权的请举手。

（工作人员摆手示意并说没有）没有。

（或说有 × 个）有 × 个，请放下。

鼓掌通过。

3. 对财务预决算报告决议进行表决，请工作人员宣读决议草案。

现在进行表决。

同意的请举手。请放下。

不同意的请举手。

（工作人员摆手示意并说没有）没有。

（或说有×个）有×个，请放下。

弃权的请举手。

（工作人员摆手示意并说没有）没有。

（或说有×个）有×个，请放下。

鼓掌通过。

4. 对职工健康管理工作报告决议进行表决，请工作人员宣读决议草案。

现在进行表决。

同意的请举手。请放下。

不同意的请举手。

（工作人员摆手示意并说没有）没有。

（或说有×个）有×个，请放下。

弃权的请举手。

（工作人员摆手示意并说没有）没有。

（或说有×个）有×个，请放下。

鼓掌通过。

5. 对职代会提案进行表决。

经过分组讨论和主席团会议研究，确定将××案、××案、××案等×条提案提交大会表决。

现在进行表决。

同意的请举手。请放下。

不同意的请举手。

（工作人员摆手示意并说没有）没有。

（或说有 × 个）有 × 个，请放下。

弃权的请举手。

（工作人员摆手示意并说没有）没有。

（或说有 × 个）有 × 个，请放下。

鼓掌通过。

6. 对职代会工作报告决议进行表决，请工作人员宣读决议草案。

现在进行表决。

同意的请举手。请放下。

不同意的请举手。

（工作人员摆手示意并说没有）没有。

（或说有 × 个）有 × 个，请放下。

弃权的请举手。

（工作人员摆手示意并说没有）没有。

（或说有 × 个）有 × 个，请放下。

鼓掌通过。

7. 对职工福利费使用情况及预算安排的决定进行表决，请工作人员宣读决定草案。

现在进行表决。

同意的请举手。请放下。

不同意的请举手。

（工作人员摆手示意并说没有）没有。

（或说有 × × 个）有 × × 个，请放下。

弃权的请举手。

（工作人员摆手示意并说没有）没有。

（或说有××个）有××个，请放下。

鼓掌通过。

8. 审议《集体合同（草案）》。

现在进行表决。

同意的请举手。请放下。

不同意的请举手。

（工作人员摆手示意并说没有）没有。

（或说有××个）有××个，请放下。

弃权的请举手。

（工作人员摆手示意并说没有）没有。

（或说有××个）有××个，请放下。

鼓掌通过。

9. 确认职代会闭会期间职代会联席会议决定，请工作人员宣读情况说明。

现在进行表决。

同意的请举手。请放下。

不同意的请举手。

（工作人员摆手示意并说没有）没有。

（或说有××个）有××个，请放下。

弃权的请举手。

（工作人员摆手示意并说没有）没有。

（或说有××个）有××个，请放下。

鼓掌通过。

10. 签订《集体合同》。

请（行政主要领导职务）×××与公司工会主席×××签订《集体合同》。

会后，职代会提案委员会将把这些提案落实到分管领导、责任部门和承办单位，请大家认真履行职责，明确工作措施办法，抓好督办检查，确保提案如期落实。对没有立案的其他提案，相关单位和部门要做好进一步的调查研究，给每个提案人进行答复，并积极创造条件，争取予以解决。

下面，请××同志（党委书记）讲话，大家欢迎。

各位代表，本次会议的各项议程已经顺利完成，现在我宣布，××（单位名称）第×届职工代表大会第×次会议胜利闭幕。

请全体起立，奏《中华人民共和国国歌》。

（结束）请坐下。

××（单位名称）第×届第×次职工代表大会闭幕！

电子模板2-5

模板 2 –6

电子模板2–6

职代会提案征集处理表

提案人		单位		联系电话	
附议人		单位		联系电话	
附议人		单位		联系电话	
提案题目					
提案理由					
解决建议					

续表

<table>
<tr><td>办理具体情况</td><td colspan="6">提案办理部门（盖章）：
负责人：　　经办人：　　联系电话：
日 期：　　年　月　日</td></tr>
<tr><td rowspan="2">提案人对处理情况评价</td><td>满意</td><td></td><td>基本满意</td><td></td><td>不满意</td><td></td></tr>
<tr><td colspan="6">具体意见或建议：
提案人签名：　　年　月　日</td></tr>
</table>

第二节 厂务公开

一、工作要求

厂务公开是职工参与企业民主管理的有效形式。企业应当建立和实行厂务公开制度，通过职工代表大会和其他形式，将企业生产经营管理的重大事项、涉及职工切身利益的规章制度和经营管理人员廉洁从业的相关情况，按照一定的程序向职工公开，听取职工意见，接受职工监督。

《企业民主管理规定》（总工发〔2012〕12 号）、《关于全心全意依靠职工办企业的指导意见》（中国石化党组〔2012〕231 号）、《关于进一步加强群众工作推进民主管理的指导意见》（中国石化党组〔2014〕99 号）对厂务公开作出规定。

具体工作程序、内容和要求如下：

<table>
<tr><th>工作程序</th><th>工作内容及要求</th><th>附件</th></tr>
<tr><td rowspan="2">厂务公开内容</td><td>1. 企业应当向职工公开的事项：
（1）经营管理的基本情况；
（2）招用职工及签订劳动合同的情况；
（3）集体合同文本和劳动规章制度的内容；
（4）奖励或处罚职工、单方解除劳动合同的情况以及裁员的方案和结果，评选劳动模范和优秀职工的条件、名额和结果；
（5）劳动安全卫生标准、安全事故发生情况及处理结果；
（6）社会保险以及企业年金的缴费情况；
（7）职工教育经费提取、使用和职工培训计划及执行的情况；
（8）劳动争议及处理结果情况；
（9）法律法规规定的其他事项</td><td rowspan="2">模板 2－7
模板 2－8</td></tr>
<tr><td>2. 国有企业还应当公开下列事项：
（1）投资和生产经营管理重大决策方案等重大事项，企业中长期发展规划；
（2）年度生产经营目标及完成情况，企业担保，大额资金使用、大额资产处置情况，工程建设项目的招投标，大宗物资采购供应，产品销售和盈亏情况，承包租赁合同履行情况，内部经济责任制落实情况，重要规章制度制定等重大事项；
（3）职工提薪晋级、工资奖金收入分配情况；专业技术职称的评聘情况；
（4）中层领导人员、重要岗位人员的选聘和任用情况，企业领导人员薪酬、职务消费和兼职情况，以及出国出境费用支出等廉洁自律规定执行情况，职工代表大会民主评议企业领导人员的结果；
（5）依照国家有关规定应当公开的其他事项</td></tr>
<tr><td rowspan="2">厂务公开形式</td><td>企业重大决策、生产经营管理方面的重要问题以及涉及职工切身利益的有关事项和经营管理人员廉洁从业的相关情况，要采取多种形式向职工公开，听取职工意见，接受职工监督</td><td rowspan="2"></td></tr>
<tr><td>基本形式：职工代表大会。
专用形式：厂务公开栏、厂情发布会、厂务公开网。
特有形式：职工董事、职工监事参加董事会、监事会制度，工会参加党委和经理办公会议制度，党政工联席会制度等。
媒体形式：广播、电视、厂报、墙报、“互联网＋”等</td></tr>
</table>

二、工作流程

- 公开事项基本流程
  - 固定公开事项
    - 承办部门将公开材料报主管领导审批
    - 承办部门按规定的形式公开
    - 收集反馈意见，制定整改措施，并进行整改
    - 跟踪整改，整理相关材料
  - 其他临时公开事项
    - 承办部门提出有关议案并形成草案，发至有关部门征求意见
    - 召开不同层次座谈会征求意见，根据意见修改草案
    - 修改后草案提交党委会或党政联席会研究，修改完善后经主管领导审核同意后进行公开
    - 付诸实施，收集反馈意见
    - 进行整改，整理相关资料并归档

- 厂务公开管理要求
  - 制定公开的办法与程序并不断完善
  - 按规定公开。收入分配、经济责任考核、奖惩等涉及职工切身利益的规章制度与重要办法必须经职代会审议通过
  - 重要办法制度执行结果必须通过公开栏、网络等形式向职工公开
  - 公开结果反馈，对公开情况进行监督和检查

三、 常用模板

模板2－7

电子模板2-7

申请厂务公开备忘录

单位名称		负责人	
公开内容			
公开时间			
公开方式			
申请单位意见	年　月　日		
厂务公开领导小组意见	年　月　日		
公开效果及群众意见（工会填写）	年　月　日		

模板2－8

电子模板2-8

重大问题厂务公开记录

序号	公开事项	公开形式	公开日期	备注

第三节　平等协商集体合同签订

一、工作要求

集体协商，是指职工一方与用人单位之间就劳动报酬、工作时间、休息休假、劳动安全卫生、保险福利、职工培训、劳动纪律以及劳动定额管理等直接涉及劳动者切身利益的规章制度或者重大事项，为达成一致意见而进行商谈交涉的行为。

集体合同，是指用人单位与本单位职工根据法律、法规、规章的规定，就劳动报酬、工作时间、休息休假、劳动安全卫生、职业培训、保险福利等事项，通过集体协商签订的书面协议；专项集体合同，是指用人单位与本单位职工根据法律、法规、规章的规定，就集体协商的某项内容签订的专项书面协议。

《中华人民共和国劳动法》《中华人民共和国劳动合同法》《集体合同规定》《关于全心全意依靠职工办企业的指导意见》（中国石化党组〔2012〕231号）对平等协商、集体合同作出相应规定。

具体工作程序、内容和要求如下：

工作程序	工作内容及要求	附件
集体协商	集体协商双方可以就下列多项或某项内容进行集体协商，签订集体合同或专项集体合同： （1）劳动报酬； （2）工作时间； （3）休息休假； （4）劳动安全与卫生； （5）补充保险和福利； （6）女职工和未成年工特殊保护； （7）职业技能培训； （8）劳动合同管理； （9）奖惩； （10）裁员； （11）集体合同期限； （12）变更、解除集体合同的程序； （13）履行集体合同发生争议时的协商处理办法； （14）违反集体合同的责任； （15）双方认为应当协商的其他内容	
	协商双方就协商内容和有关事项，提前 20 天以书面形式通知对方。无正当理由不得拒绝进行集体协商	
	集体协商双方的代表人数应当对等，每方至少 3 人，并各确定 1 名首席代表。职工一方的首席代表由本单位工会主席担任。用人单位一方的协商代表由用人单位法定代表人指派，首席代表由单位法定代表人担任或由其书面委托的其他管理人员担任。 共同指定一名协商记录员。记录员应保持中立、公正，并为双方保密	
	提前了解集体协商事项有关情况材料，拟定集体协商议题。议题既可由一方起草，也可由双方指派代表共同起草。 双方首席代表可先行沟通，进行非正式协商，在主要内容和实质问题上基本达成共识	

续表

工作程序	工作内容及要求	附件
集体协商	集体协商会议由双方首席代表轮流主持，并按下列程序进行： （1）宣布议程和会议纪律； （2）一方首席代表提出协商的具体内容和要求，另一方首席代表就对方的要求作出回应； （3）协商双方就商谈事项发表各自意见，开展充分讨论； （4）双方首席代表归纳意见。达成一致的，应当形成集体合同草案或专项集体合同草案，由双方首席代表签字。 （5）如有临时提议，应在原定事项讨论完毕后提出，经双方同意再列入协商议题进行讨论。 （6）协商未达成一致或出现事先未预料的问题时，经双方同意可以暂时中止协商。中止期限最长不得超过60天。中止期限和下次协商的时间、地点、内容由双方共同商定。 （7）经集体协商双方同意的集体合同或专项集体合同草案提交职代会审议通过	
集体合同	企业职工一方与企业可以就劳动报酬、工作时间、休息休假、劳动安全卫生、保险福利等事项，签订集体合同。企业职工一方与用人单位可以订立劳动安全卫生、女职工权益保护、工资调整机制等专项集体合同	模板2－9 模板2－10
	集体合同中劳动报酬和劳动条件等标准不得低于当地人民政府规定的最低标准；用人单位与劳动者订立的劳动合同中劳动报酬和劳动条件等标准不得低于集体合同规定的标准	
	经双方协商代表协商一致的集体合同草案或专项集体合同草案应当提交职工代表大会或者全体职工讨论	
	集体合同由工会代表企业职工一方与用人单位订立	
	集体合同草案或专项集体合同草案经职工代表大会或者职工大会通过后，由集体协商双方首席代表签字。集体合同或专项集体合同签订或变更后，应当自双方首席代表签字之日起10日内，由用人单位一方将文本一式三份报送劳动保障行政部门审查	

续表

工作程序	工作内容及要求	附件
集体合同	生效的集体合同或专项集体合同，应当自其生效之日起由协商代表及时以适当的形式向本方全体人员公布	模板 2－9 模板 2－10
	集体合同或专项集体合同期限一般为 1 至 3 年，期满或双方约定的终止条件出现，即行终止。集体合同或专项集体合同期满前 3 个月内，任何一方均可向对方提出重新签订或续订的要求。双方协商代表协商一致，可以变更或解除集体合同或专项集体合同	

二、 工作流程

1. 平等协商流程

提前20天以书面形式发起协商申请

↓

确定协商代表和首席代表，指定协商记录员

↓

做好协商前期准备工作

↓

召开正式协商会议，由双方首席代表轮流主持，进行充分讨论

↓

经集体协商双方同意的，
形成集体合同或专项集体合同草案提交职代会审议通过

2. 签订集体合同流程

由行政方或双方共同起草集体合同文本（草案）

↓

集体合同文本（草案）报送职工代表和各有关部门征求意见

↓

召开平等协商会议，围绕集体合同文本（草案）进行协商

↓

平等协商一致的集体合同（草案），提交职代会审议

↓

集体合同经职代会审议通过后，双方首席代表签字。
未经职代会审议通过的集体合同，不得签字；
由双方重新协商修改后，再次提交职代会审议

↓

集体合同签字后，应于十日内将集体合同一式三份报送
上级劳动行政主管部门审查登记，同时报上级工会备案

↓

上级劳动行政主管部门15日内未提出异议的，
集体合同即行生效

↓

集体合同生效后，应在10日内将集体合同文本
以必要的形式向职工全体公布

三、 常用模板

模板2－9

电子模板2-9

集体劳动合同模板

使用须知：

1. 本集体合同所称甲方为用人单位，即企业、民办非企业单位及实行企业化管理的事业单位，乙方为职工一方。

2. 甲、乙双方有义务应对方要求及时、如实向其提供与签订集体合同有关资料和情况。

3. 经协商一致的集体合同草案应当提交职工代表大会或者全体职工讨论通过。

4. 集体合同由工会代表乙方与甲方签订。尚未建立工会的，由上级工会指导职工推举的代表与甲方签订。

5. 集体合同签订后，甲方应当在十日内将集体合同文本以及有关资料报送劳动保障行政部门。劳动保障行政部门自收到集体合同文本之日起十五日内未提出异议的，集体合同即行生效。提出异议的，甲、乙双方对异议部分进行协商修改，履行集体合同签订程序后重新报送。

6. 甲方应当自集体合同生效之日起十日内，以书面形式向全体职工公布。

7. 本集体合同为示范模板，使用时既可根据实际情况增加或者删改章节、条文，也可以就工资调整机制、劳动安全卫生、女职工权益保护等事项另行订立专项集体合同。

8. 本集体合同未尽事宜，按法律、法规和规章的规定执行，没有规定的，通过双方集体协商解决。

模板正文：

单位名称：

单位住所：

注册类型：

职工人数：

甲方：××公司

乙方：××公司职工

签订日期：

××年××月××日

第一章　总则

第一条　为维护职工和用人单位的合法权益，构建和谐稳定的劳动关系，根据《中华人民共和国劳动法》《中华人民共和国劳动合同法》《中华人民共和国工会法》、原劳动和社会保障部《集体合同规定》等规定，××公司工会依法代表全体职工与××公司本着遵循合法、公平、诚信的原则，经平等协商一致，签订本合同。

第二条　本合同适用于甲方和乙方（与甲方建立劳动关系的全体职工），劳动关系双方必须共同遵守。

第三条　甲方依法保障职工的主人翁地位和民主权利，全心全意依靠职工搞好公司的生产经营、改革发展和企业管理，支持工会依法维护职工合法权益。

第四条　工会支持甲方依法组织生产经营、改革发展和企业管理，引导职工树立“××”的理念，认真履行劳动合同中规定的权利和义务，教育职工遵守《××员工守则》和甲方各项规章制度，保守工作秘密，弘扬以“××”企业文化，加强培训、提高技能，聚焦“××”目标，推进新时代高质量发展，为打造××而努力工作。

第二章 集体协商

第五条 甲、乙双方就本合同的订立、变更、续订、履行监督、问题处理，以及涉及劳动关系的其他事项进行集体协商。

第六条 集体协商应遵守法律法规和平等合作的原则。

第七条 甲、乙双方参加集体协商的代表人数各为×名，具体人员由公司、工会按有关规定指派或推举。甲方首席代表是总经理，乙方首席代表是工会主席。双方各另行指定1名记录员。

第八条 职工方协商代表在劳动合同期内自担任协商代表之日起3年内，除个人严重过失外，公司不得与其解除劳动合同。

第九条 甲、乙双方在进行协商时，双方均应有三分之二以上的协商代表出席。

第三章 劳动用工管理

第十条 甲方实行劳动合同制度，自用工之日起即与职工建立劳动关系，应在用工之日起1个月内依法与职工签订书面劳动合同，明确双方的权利和义务。

第十一条 劳动合同期限分为固定期限、无固定期限两种。公司依法与职工协商确定劳动合同期限，其中与新职工首次签订劳动合同的期限为1年。

第十二条 甲方与职工首次订立劳动合同时，根据劳动合同期限约定试用期，试用期包括在劳动合同期限内。

第十三条 甲方与职工协商一致，可以变更、续订和解除劳动合同。

第十四条 甲方根据公开、公平、公正的原则与职工签订岗位聘约，依据职工的技能、工作态度、职业道德等综合考评情况择优上岗。

第十五条 甲方单方面解除职工劳动合同，应事先书面通知工会。甲方违反法律法规或者劳动合同约定的，工会有权要求甲方纠正。甲方应当研究工会的意见，并将处理结果书面通知工会。

第四章 劳动报酬

第十六条 甲方根据国家、地方政府、××公司等相关规定制定薪酬制度。

第十七条 甲方以市场为导向、以岗位为依据，综合确定薪酬标准，按管理、专业技术、技能操作三个序列人才队伍特点，实行基本薪酬、奖金（月绩效奖、年终奖、专项考核奖、生产一线倒班奖、单位奖励基金、总经理奖励等）、津补贴（保健费、夜餐费、生产一线倒班津贴等）等单元组成的月薪制薪酬制度。

第十八条 甲方每月____日以货币形式足额支付职工薪酬。如遇法定节假日或休息日，应提前支付。甲方可以委托银行代发职工薪酬。

甲方可以依法和按有关规定在职工薪酬中为其代缴、代付应付的款项。

第十九条 甲方在改革调整薪酬制度时，应听取工会意见，并与职工代表平等协商确定，其方案应履行规定的民主程序。

第二十条 职工在法定工作时间内提供了正常劳动的前提下，甲方支付给职工的薪酬应不低于××市人民政府颁布的同期最低工资标准的1.2倍。

第五章　工作时间和休息休假

第二十一条　甲方实行每日工作时间不超过8小时，平均每周工作时间不超过40小时的标准工时工作制。

因工作性质和生产特点限制，不能实行标准工时工作制的，实行“××××”等综合计算工时工作制或不定时工作制。

第二十二条　甲方执行国家规定的休息休假制度，保证职工的休息休假时间。

第二十三条　甲方单位（部门）因生产、经营需要，经与工会和职工协商后可以延长工作时间，但应从严控制，一般每日不得超过1小时；因特殊原因需要延长工作时间的，在保障职工身体健康的条件下延长工作时间每日不得超过3小时，但是每月不得超过36小时。

第二十四条　有下列特殊情形、紧急任务之一的，延长工作时间不受本合同的限制：

（一）发生自然灾害、事故或者因其他原因（如装置开停工、检修、保运等影响装置安全运行的情况），威胁职工生命健康和财产安全，需要紧急处理的；

（二）生产设备、交通运输线路、公共设施等发生故障，影响生产和公众利益，必须及时抢修的；

（三）法律、法规规定的其他情形。

第二十五条　甲方安排职工延长工作时间的，应支付不低于本人基本薪酬150%的加班工资；

甲方在休息日安排职工工作的，按同等时间安排其补休，如不能安排补休的，应支付不低于本人基本薪酬200%的加班工资；

甲方在法定休假日安排职工工作的，支付不低于本人基本薪酬300%的加班工资。

若本人基本薪酬低于××市人民政府颁布的同期最低工资标准的，按××市人民政府颁布的同期最低工资标准计算。

第二十六条 甲方实行带薪年休假制度，年休假天数根据职工累计工作时间确定，已满1年不满10年的为5天；已满10年不满20年的为10天；已满20年的为15天，并根据在岗职工的累计工作时间按规定支付一定的休假疗养补贴。

第六章 劳动安全卫生

第二十七条 甲方应严格执行《安全生产法》《职业病防治法》《工伤保险条例》和有关劳动保护法律法规和规章，建立健全劳动安全卫生管理制度，严格执行劳动安全卫生规程和标准，提供符合国家规定的劳动安全卫生条件和必要的劳动防护用品，劳动安全卫生设施必须符合国家规定的标准，落实劳动安全责任制，制定各岗位的安全操作规程。

第二十八条 甲方应落实职工劳动安全教育制度，对职工进行劳动安全培训，其中从事特种岗位作业的人员，必须经过专门培训并取得特种作业资格，持证上岗，并自觉接受工会的监督检查。

第二十九条 甲方与职工订立劳动合同时，应当将工作过程中可能产生的职业病危害及其后果、职业病防护措施和待遇等如实告知职工，并在劳动合同中写明，不得隐瞒或者欺骗。对从事有职业病危害作业的职工应当每年安排____次职业健康检查。

第三十条 工会应根据法律、法规和规章的规定，建立健全劳动安全卫生监督检查机构，监督和支持甲方加强安全生产管理，教育职工严格遵守安全操作规程，参与因工伤亡事故的调查并提出处理意见。甲方发生因工伤亡事故，应及时按有关规定上报。

第三十一条 甲方应根据季节变化，采取具体措施做好防暑降温、防寒保暖工作。对工会或者职工提出的意见和建议，应当研究。

第三十二条 甲方支持工会开展多种形式的群众性安全卫生宣传教育活动。

第七章 女职工特殊保护

第三十三条 甲方根据《妇女权益保障法》《女职工劳动保护规定》、原劳动部《女职工禁忌劳动范围的规定》等规定，实施女职工特殊保护。

第三十四条 《女职工权益保护专项协议》作为本合同的附件，履行期和变更、解除、终止程序均与本合同相同。

第八章 社会保险和福利

第三十五条 甲方依照法律、法规和规章的规定，参加养老、医疗、失业、工伤、生育等社会保险，按时足额缴纳社会保险费，依法履行代扣代缴社会保险费的义务，并每年____次向乙方公布缴纳社会保险费的情况。工会有权对甲方缴纳社会保险费的情况实施监督。

第三十六条 甲方按规定为职工缴存住房公积金，双方商定住房公积金缴费比例为______%。

第三十七条 甲方根据生产经营特点、经济效益等情况，为职工办理企业年金、补充保险、疗休养等保险和福利事项。

第三十八条 甲方支持慈善事业，积极开展助困、助医和助学活动。

第九章 职业技能培训

第三十九条 甲方根据工作岗位特点、条件和要求，按规定提取和使用职业培训经费，建立职业培训制度，对职工进行有计划的职业技能培训。

甲方制定的职业培训经费使用方案和培训计划应经职工代表大会或者全体职工讨论，其中用于管理人员的职业培训经费不得高于总额的____%，用于生产一线职工的职业培训经费不得低于总额的____%。

第四十条 甲方对从事__________岗位（工种）的职工进行职业技能培训。

第四十一条 经公司批准参加学习并完成学业的职工，其学习费用和脱产学习期间的工资、福利等待遇，按公司有关规定执行。

第四十二条 甲方为职工提供专项培训费用，对其进行专业技术培训的，可以根据《劳动合同法》的规定，与职工订立专项协议，约定服务期和违约责任。

第十章 合同变更、解除和终止

第四十三条 本合同有效期____年，在下期集体合同生效前，本合同继续有效。合同期满前三个月内，甲、乙双方应当协商续订集体合同。

第四十四条 变更或者解除集体合同适用集体合同集体协商程序。未经双方协商同意，任何一方不得变更本合同。

第四十五条 有下列情形之一，致使本合同部分或者全部条款无法履行的，可以变更或者解除本合同：

（1）订立集体合同所依据的法律、法规和规章已经修订或者废止；

（2）不可抗力；

（3）双方约定____；

（4）法律、法规规定的其他情形。

第十一章　监督检查和争议处理

第四十六条　为保证全面履行本合同，成立公司集体合同监督检查小组。公司集体合同监督检查小组每年对本合同的执行情况进行监督检查，对检查中发现的问题，以书面形式提交双方首席代表，双方代表通过平等协商提出处理意见。

第四十七条　甲方应当将本合同履行情况每年至少向职工代表大会或职工大会报告____次。

甲、乙双方在履行合同中发现问题或提出建议，应当以书面形式报双方首席协商代表共同研究，协商处理。出现重大问题，还应以书面形式报告职工代表大会或者全体职工。

第四十八条　双方因履行本合同发生争议时，应本着平等协商的原则协商解决；协商不成的，按《中华人民共和国劳动争议调解仲裁法》有关规定办理。

第十二章　附则

第四十九条　甲方尊重工会履行维护职工权益的基本职责，支持工会依法开展工作，每月____日之前按规定向工会拨缴经费。

第五十条　用人单位应当保障协商代表履行职责所必需的工作条件和工作时间。协商代表因履行职责占用工作时间的，视为提供正常劳动。

协商代表在任期内，用人单位不得单方变更或者解除其劳动合同；其劳动合同期限短于任期的，自动延长至任期期满，但个人有严重违反劳动纪律或者用人单位规章制度等重大过失行为、退休或者本人不愿延长劳动合同期限的除外。

协商代表在任期内，用人单位不得无故调动其工作岗位和免除职务、降低职级。

第五十一条 本合同经公司职工代表大会审议通过后，由甲方和乙方首席代表签字。本合同一式三份，甲、乙双方各执一份，报送人力资源社会保障行政部门一份。

第五十二条 本合同附件包括：女职工权益保护专项协议。

行政主要领导	工会主席
（签字盖章）	（签字盖章）
年　月　日	年　月　日

模板2－10

女职工权益保护专项协议

第一章　总则

第一条　为了维护和保障女职工的合法权益和特殊利益，根据法律法规和有关规定，公司方与职工方就女职工权益保护事宜，经协商一致，签订本协议。

第二条　本协议作为公司《集体合同》的附件，对公司和与公司建立劳动关系的全体女职工具有同等约束力。双方依据协议内容，履行各自的权利和义务。

第三条　各级工会女职工委员会与各级工会组织同步建立，协助公司党政做好女职工思想教育工作，引导女职工自觉遵守法律法规和企业规章制度，提高女职工素质，促进企业发展。

第四条　工会女职工委员会参与公司涉及女职工权益规章制度的制定及修订。各级工会女职工委员会组织女职工开展活动所需的经费，公司和工会应予以支持。

第二章　女职工合法权益的保护

第五条　公司与女职工建立劳动关系时，双方应依法订立劳动合同，实行男女同工同酬，其中劳动报酬、劳动保护条件等标准，不得低于公司《集体合同》的规定。

第六条　公司在提职、晋级、评聘专业技术职务和享受其他福利待遇等方面，应当男女平等。公司应有计划地对女职工实施职业教育及技术培训。

第七条　公司应加强对女干部的培养、选拔和使用。在公司各级职工代表大会代表中，女职工代表应占一定比例。

第八条 公司依法参加生育保险，履行缴费义务，女职工享有生育保险待遇。女职工在符合计划生育规定的孕期、产期、哺乳期内，公司应按规定支付其工资或享受生育津贴，不得解除、终止劳动合同。劳动合同期满而孕期、产期、哺乳期未满的，除女职工提出解除劳动合同的外，劳动合同应当顺延至孕期、产期、哺乳期满。

第九条 女职工在“三八”国际劳动妇女节放假半天，但因工作需要上班或适逢休息日时，则不补假、不支付加班工资。

第三章 女职工特殊利益的保护

第十条 公司应根据女职工的生理特点和所从事的工作特点，对在经期、孕期、产期、哺乳期和更年期的女职工给予特殊保护。

第十一条 公司应加强对女职工劳动安全卫生知识的培训；工会女职工委员会要配合公司主管部门做好宣传女职工卫生保健及妇科病防治知识的工作，增强女职工自我保护意识。

第十二条 公司严格执行国务院《女职工劳动保护特别规定》，将女职工禁忌从事劳动范围的岗位书面告知女职工，不安排女职工在禁忌从事劳动范围内的岗位上工作。

公司在新建、扩建、改建生产工作用房时，应当按照《工业企业设计卫生标准》的要求，设计、安装女职工劳动保护设施。

公司按季发放女职工卫生用品（或补贴），并随生活水平的提高相应提高发放标准。

第十三条 公司按规定每年对女职工进行1次妇科病和乳腺疾病的检查，并随生活水平的提高相应提高检查标准。检查所需费用由公司支付，检查所需时间计入工作时间。

第十四条 女职工在怀孕期间不能胜任原工作的，所在单位

（部门）应当根据二级以上医疗机构证明，予以减轻工作量或者安排其他能够适应的工作。

女职工怀孕不满3个月且妊娠反应严重，或者怀孕7个月以上的，在每天的劳动时间内安排不少于1个小时的休息时间，所在单位（部门）不得延长其劳动时间或者安排其从事夜班劳动。

女职工有流产先兆、习惯性流产史或者其他特殊情况，经医疗机构证明，本人提出休息的，所在单位（部门）应当予以适当安排。

怀孕女职工，在工作时间内做产前检查，应计算在工作时间之内，符合规定的产前检查费用按生育保险有关规定处理。

第十五条 女职工生育享受产假98天，符合《××省人口与计划生育条例》第××条规定的，再增加30天；难产的，增加产假15天；生育多胞胎的，每多生育1个婴儿，增加产假15天。女职工小产、引产，符合计划生育规定的，经医院证明，公司计生办确认，怀孕3个月内，可休产假20～30天；怀孕3个月以上7个月以下，可休产假50天；怀孕7个月以上，按正常产假处理。

女职工产假期间享受生育保险待遇，不影响其享有的福利待遇。

第十六条 对哺乳未满1周岁婴儿的女职工，所在单位不得延长其工作时间或者安排其从事夜班工作；不得安排其从事国家规定的哺乳期禁忌从事的劳动。公司应当在每天的工作时间内安排不少于1个小时的哺乳时间；女职工生育多胞胎的，每多哺乳1个婴儿，增加1个小时的哺乳时间。哺乳路途往返时间由所在单位根据实际情况掌握，但2次哺乳的路程往返时间不得超过1个小时。路程较远的，可将2次哺乳时间合并为1次使用。

第十七条 怀孕7个月以上的女职工、哺乳期间的女职工，如确有困难且工作岗位又离得开的，可以申请短期息工，期限累计最长为两年。短期息工应由本人申请，所在单位（部门）同意，公司计生办审核，劳动人事部门批准。短期息工期间的待遇按公司有关规定执行。

第十八条 各级工会女职工委员会要配合公司宣传女职工更年期生理卫生知识，使进入更年期的女职工得到广泛的关怀。

经二级以上医疗机构确诊患更年期综合征，不适应原工作的女职工，经公司医务劳动鉴定委员会确认，公司应适当减轻其工作量或者暂时安排其他合适的工作。

第四章 合作与监督

第十九条 为切实保障公司和女职工双方的利益，公司与工会应密切合作，定期或不定期地召开联席会议或座谈会，就公司女职工权益保护情况相互通报和协商，共同探索维护女职工权益、调动女职工积极性、促进公司发展的新方法、新途径。

第二十条 公司集体合同监督检查小组应有工会女职工组织的代表参加。

第五章 附则

第二十一条 本协议未尽事宜，按国家有关规定执行，国家无明确规定的，由双方协商解决。

第二十二条 本协议有效期与公司《集体合同》同步。

电子模板2-10

第三章

促进企业发展

第一节　劳动竞赛

一、　工作要求

工会应积极组织职工在公司生产经营、安全环保、创新创效过程中开展劳动竞赛，开展劳动竞赛要围绕公司中心工作，围绕重点领域、重点工程、重点项目，找准公司生产经营等过程中的短板，联合相关专业管理部门，形成合力，促进公司各项生产工作任务的完成，提升公司经济效益和核心竞争力。

各级工会组织，要充分发挥广大职工群众的工作主动性、积极性和首创精神，引领职工在竞赛过程中对标先进、你追我赶、岗位建功，促进公司各项生产工作任务的完成。

开展劳动竞赛坚持可行性、有效性、效益性原则，坚持精神鼓励与物质奖励相结合的原则。

劳动竞赛方案做到目标明确、措施具体、评比奖励切实可行，竞赛注重过程管理、效果评估，营造“比、学、赶、帮、超”氛围，做到量化考评、精准管控。

具体工作程序、内容和要求如下：

工作程序	工作内容及要求	附件
前期调研	工会结合生产经营目标，与有关部门沟通协调，确定劳动竞赛主题，研究制定竞赛活动内容、目标等	
成立组织机构	根据竞赛规模、内容、涉及部门等因素，成立劳动竞赛组委会，办公室设在工会	
制定方案	注重与已开展的竞赛有效衔接，明确目标任务、保障措施、评估办法等，侧重组织开展目标可量化，显化竞赛前后竞赛质量提升的相关内容，下发劳动竞赛通知	模板3－1 模板3－2
组织实施	广泛动员，积极推进，广泛宣传，按竞赛通知要求做好竞赛各阶段工作，注重过程控制、量化考评、即时奖励，重视发挥职工主体作用，提高参与率，扩大覆盖面，增强吸引力和影响力	
评估总结	收集劳动竞赛开展情况（数量、参赛人数、竞赛时间、竞赛目标等），对照目标任务要求进行效果评估，总结提炼经验做法，巩固竞赛成果	模板3－3
评比表彰	根据竞赛活动各项考核指标，评选先进单位和个人，并给予表彰奖励，提升劳动竞赛活动的聚焦度和贡献率	

二、 工作流程

前期调研，研究制定竞赛活动内容、目标等

↓

成立劳动竞赛组委会，办公室设在工会

↓

制定方案，明确目标任务、评估办法等

↓

组织实施，注重发挥职工主体作用

↓

总结提炼经验做法，巩固竞赛成果

↓

根据竞赛活动考核结果进行评比表彰

三、 常用模板

模板3－1

××劳动竞赛方案

电子模板3-1

为大力推进公司发展战略的实施，进一步降本减费、挖潜增效，调动全体职工创效积极性，激励各单位闯市场、争效益，营造以效益论英雄的良好氛围，为打造世界领先作出更大贡献，经研究决定，在公司全面开展创先创效夺标竞赛活动。现将有关事项通知如下：

一、目的意义

当前，公司正处于全新发展的关键时期，面临国家经济发展新常态和国际石油市场动荡的叠加影响，服务油气勘探开发任务更加繁重，提升效益已成为公司当前和今后一个时期重中之重的任务。深入开展创先创效夺标竞赛活动，旨在激励各单位、广大职工继承和发扬铁军精神，全面提升创效能力，为公司打赢创效攻坚战作贡献。

二、总体要求

以党的十九大和十九届二中、三中、四中、五中全会精神为引领，全面贯彻落实集团公司工作会议部署，充分激发广大职工闯市场、创效益的积极性和参与热情，通过开展以效益指标为重点的评比，全力推动资源优化、结构调整、效率效益迈上新台阶，全面实现公司创效水平整体提升。

三、主要内容

（一）××重点工程劳动竞赛

1. 参加对象。

2. 竞赛内容。

3. 竞赛形式。

4. 考核标准。

（二）××小指标劳动竞赛

1. 参加对象。

2. 竞赛内容。

3. 竞赛形式。

4. 考核标准。

……

四、组织机构

成立劳动竞赛组委会。

主任：党政主要负责人

副主任：班子其他成员

委员：相关部门主要负责人

五、评比表彰

评选表彰竞赛先进集体和先进个人。先进集体授予奖牌和证书；先进个人授予奖牌和证书并发放奖金。奖金从××渠道列支。

六、有关要求

1. 切实加强领导。各级党组织要围绕中心、服务大局，发挥好党政工团整体优势和动员能力，调动各方面积极性，挖掘各方面潜能，激发正能量，确保活动精心组织，周密部署，扎实推进。

2. 做好宣传推广。在竞赛活动开展过程中，要及时发现典型，总结经验，推广典型，发挥典型引路的作用，营造学先进、争一流、当表率的浓厚氛围。

3. 注重实际效果。竞赛活动要以推动公司生产经营效益提升为目标，全力提升发展质量和效益，为实现公司可持续发展奠定坚实基础。

××（单位名称）党委

年　月　日

模板3－2

电子模板3-2

劳动竞赛立项登记表

<table>
<tr><td>立项单位</td><td colspan="3"></td></tr>
<tr><td>竞赛名称</td><td></td><td>经费预算</td><td></td></tr>
<tr><td>竞赛时间</td><td colspan="3">年　月　日　至　年　月　日</td></tr>
<tr><td>竞赛目标及经济技术指标现状</td><td colspan="3">现状：
竞赛目标：</td></tr>
<tr><td>参赛对象及人数</td><td colspan="3"></td></tr>
<tr><td>考评办法</td><td colspan="3"></td></tr>
<tr><td>奖励方式</td><td colspan="3"></td></tr>
<tr><td>竞赛内容</td><td colspan="3"></td></tr>
</table>

模板 3－3

劳动竞赛记录

电子模板3-3

竞赛项目	
竞赛方案	
效果评估	
成果奖励	
经验总结	

第二节　合理化建议活动

一、工作要求

工会是合理化建议活动的组织者和管理者，应积极推动合理化建议活动开展，制定活动规则，明确活动方向，畅通信息渠道，建立奖励机制，落实组织措施。组织职工对公司改革发展、生产经营、企业管理、党建工作等各项工作提出改进完善意见，推进公司管理现代化，提高工作水平。

具体工作程序、内容和要求如下：

工作程序	工作内容及要求	附件
规划发动	认真规划和组织发动，建立规范化、常态化的工作机制，搭建有效的运行平台，广泛宣传、积极开展职工合理化建议活动，除日常进行外，可在某一阶段安排部署并集中进行	
建议征集	1. 工会下发统一格式的合理化建议申报表； 2. 分工会（工会小组）组织职工提出合理化建议； 3. 基层工会收集职工提出的合理化建议； 4. 公司工会收集到合理化建议后，及时进行整理、分类	模板 3－4 模板 3－5
建议评审	按逐级评审处理的原则，对基层本单位提出的合理化建议，由本单位组织评审处理；对公司提出的合理化建议，在建议所在单位初审后报公司工会。公司工会组织收集到合理化建议后，及时进行整理、分类、审核，确认为合理化建议的，会同有关技术和业务主管部门进行评审，提出评审意见，明确“采纳”或“不采纳”的具体意见	

续表

工作程序	工作内容及要求	附件
建议处理	建立运行机制，对评审采纳的公司级合理化建议，明确相应业务主管部门（单位）处理，工会负责合理化建议处理情况的闭环管理，对具有推广价值的亮点类合理化建议，进行总结推广，并将有关资料整理归档	
表彰奖励	建立奖励机制，按照评审情况与标准，对“采纳”的合理化建议人给予表彰奖励	

二、 工作流程

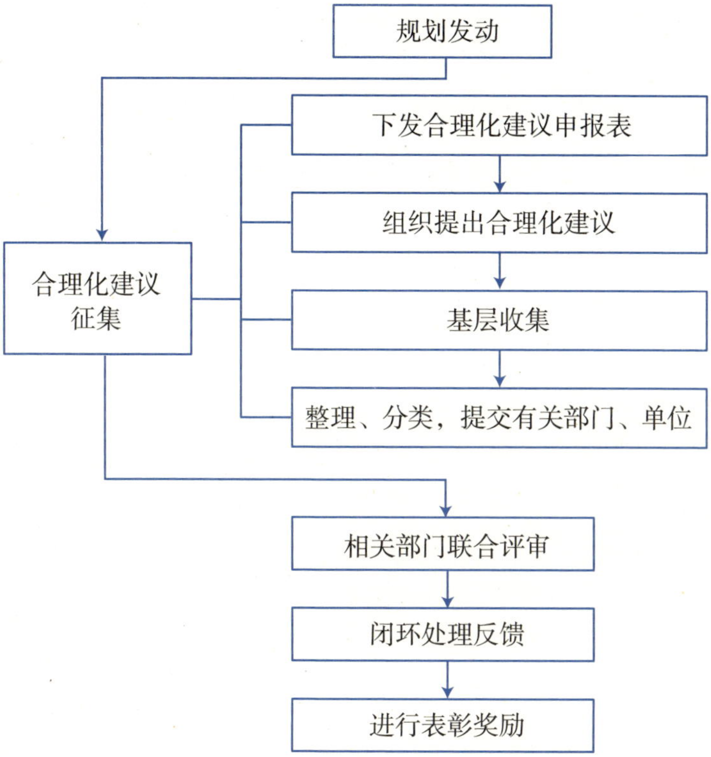

三、常用模板

模板3 –4

电子模板3–4

合理化建议申报表

单位名称：　　　　　　　　　　　　　　　　　　　　年　月　日

<table>
<tr><td>申报人
姓名</td><td></td><td>工作单位
及职务</td><td></td><td>建议
类别</td><td></td></tr>
<tr><td>建议题目</td><td colspan="5"></td></tr>
<tr><td>建议理由</td><td colspan="5"></td></tr>
<tr><td>改进方法
与措施</td><td colspan="5"></td></tr>
<tr><td>预期效果</td><td colspan="5"></td></tr>
<tr><td colspan="3">基层单位（工会）推荐意见：

年　月　日</td><td colspan="3">公司（工会）初评意见：

年　月　日</td></tr>
<tr><td colspan="3">公司专家组评审意见：

年　月　日</td><td colspan="3">实施情况总体评价（公司工会）：

年　月　日</td></tr>
<tr><td colspan="3">公司（工会）评奖意见：

年　月　日</td><td colspan="3">公司劳动竞赛委员会审查意见：

年　月　日</td></tr>
</table>

模板 3 –5

合理化建议登记表

电子模板3–5

单位名称：

日　期	申报人	职务	主要内容	落实情况

第三节　职工创新工作室创建

一、工作要求

工会要全面落实党的十九届五中全会作出的“坚持创新在我国现代化建设全局中的核心地位”“深入实施创新驱动发展战略”等重大决策部署，更好地发挥广大劳模工匠和高技能人才在创新中的示范引领作用，大力弘扬劳模精神、劳动精神、工匠精神，以提高广大职工的职业道德、创新能力和技术技能素质为核心，进一步加强职工创新工作室建设。

要统筹规划、整体推进，分类指导、分层实施，广泛覆盖、合力创新，不断提高创建质量和运行实效，最大限度地发挥示范引领、集智创新、协同攻关、传承技能、培育精神等功能，弘扬劳模精神、劳动精神、工匠精神，动员广大职工积极投身创新实践，加快形成人人敢创新、人人会创新、人人善创新的良好局面。

建立职工创新工作室档案，全面反映工作室的工作流程和工作状况，包括工作团队人员、工作计划、近期创新项目、活动记录、已获创新成果等。加强对创新工作室创建管理的组织领导，探索建立创新联盟、开展工作研讨，加大对工作室支持保障力度，积极宣传创新工作室作用发挥成效，引导更多职工在创新创效实践中建功立业。

具体工作程序、内容和要求如下：

工作程序	工作内容及要求	附件
起草方案	党委领导、工会和人力资源部门共同牵头，创建工作方案，经公司党委审定后下发，基层工会细化结合实际制定本单位创建方案	模板 3-6
创建	创新工作室创建应符合“七有”标准：有领衔人物、有创新团队、有计划目标、有管理制度、有场地设施、有经费保障、有创新成果	
申报	职工创新工作室实行分级创建和命名管理。创建规范、作用发挥良好、符合相关创建标准的创新工作室，经基层单位工会组织对照条件开展自查自评，条件成熟后，可以向上级申报相应级别的劳模工匠创新工作室或技能人才创新工作室	模板 3-7
评审	公司工会同人力资源部门对申报材料进行审核，组织专家对工作室运行、成果、管理等情况开展查验、评审后，提出拟命名职工创新工作室建议名单	
授牌	创新工作室命名建议名单经党委审定后，下发命名文件，向被命名工作室授牌，并给予一次性创新经费补助	
管理、运行	基层单位负责日常管理与运行，围绕公司重点建设项目、关键技术和重点生产环节，开展技术革新、技术攻关、发明创造等创新活动，破解技术难题，推动企业技术进步。有明确的攻关课题或创新项目，有明确的实施项目内容、时限、标准、责任人，创新创效，项目实施正常，提升职工技术技能水平。 发挥四大功能作用，开展创新攻关、加强人才培养、开展创新交流、培育创新文化	

续表

工作程序	工作内容及要求	附件
考核管理	公司工会加强对创新工作室的监督管理，发挥职工创新工作室的平台作用，落实创新项目助推计划，推动成果转化。 创新工作室实行动态管理，授牌有效期满，公司工会牵头组织考评，合格的从公司工会经费或教育经费中补助专项创新经费；不合格的撤销称号并摘牌	模板 3－8
总结推广	交流分享创新经验，提炼总结创新成果，搭建成果转化平台，充分发挥推介服务作用，推动创新成果在更大范围应用。向公司申报的科技进步奖（创新成果）进行评审和奖励	

二、工作流程

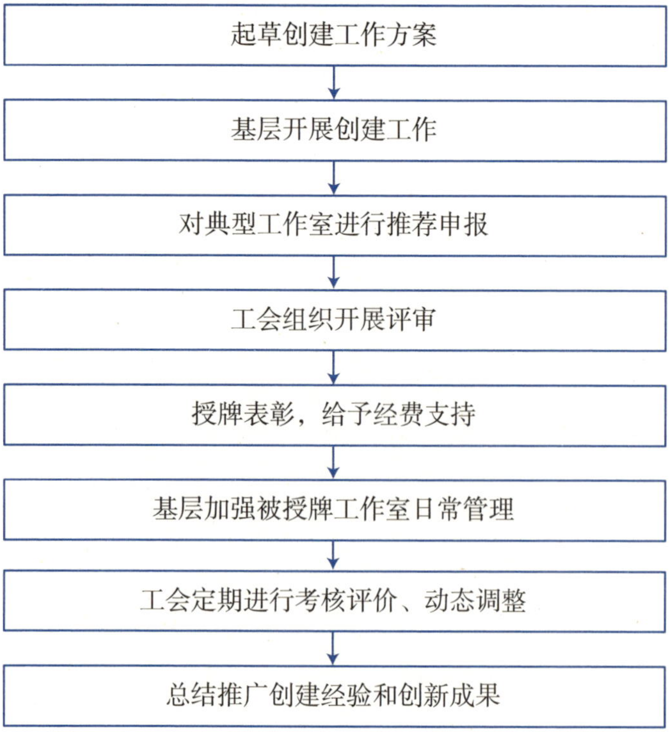

三、常用模板

模板 3－6

电子模板3-6

创新工作室创建工作方案

一、人员组成

以具备较强创新能力及组织协作能力的各级劳动模范、工匠及高技能人才为带头人，并以其名字命名，团队成员以专业技术人才和技能人才为主体组成。

二、主要任务

弘扬劳模精神、劳动精神、工匠精神，发挥劳动模范、工匠、高技能人才业务专长和技术优势，最大限度地发挥示范引领、集智创新、协同攻关、传承技能、培育精神等功能，积极围绕企业生产经营管理的重点、难点问题开展创新攻关、加强人才培养、开展创新交流、培育创新文化，带动更多职工积极投身创新实践，推动企业增强核心竞争力。

三、命名条件

1. 有领衔人物。原则上以 1 名在技术、业务方面有专长，具有较高业务水平、管理经验和创新能力的劳模工匠或高技能人才为领衔人。

2. 有创新团队。应吸纳具有一定专业技术水平、创新能力和发展潜力的技能人才和专业技术人才组成创新团队，团队人数不得少于 3 人。

3. 有计划目标。有明确的年度创新目标计划，包含创新攻关目标、创新工作计划、人才培养计划等，有相应月度任务分解。

4. 有管理制度：有日常管理、学习交流、考核激励、成果转化等工作制度，建立日常工作台账，规范档案资料管理。

5. 有场地设施：有相对固定、满足工作需要的办公场所和必要的设施设备，用于学习研讨、创新实践和成果荣誉展示，有创新工作室牌匾等规范性标志。

6. 有经费保障：所在单位有用于支持创新工作室开展工作的专项经费保障。

7. 有创新成果：每年至少完成 1 项创新课题成果或技术攻关项目，产生较好的经济效益或社会效益，得到所在单位或有关方面的认可认定。

四、申报程序

1. 各二级单位在本单位劳动模范、工匠及高技能人才中优选人员担当领衔人，吸纳专业技术人才和技能人才为团队成员，按照评选条件建立本单位创新工作室。

2. 基层单位工会组织人员开展自查自评合格后上报直属单位工会。

3. 直属单位工会组织评审人员，通过材料评审与实地考察相结合进行评估，依据量化得分进行排序，提出候选名单报直属单位领导审定。

五、表彰奖励

1. 对评选出的创新工作室，由直属单位工会统一授牌命名，并申请直属单位行政一次性给予一定的项目经费支持，直属单位工会可从工会经费中给予适当补助。

2. 对符合条件的工作室，推荐省（部）级及国家级工作室。奖励按照有关规定执行，不再重复奖励。

六、考核管理

1. 各二级单位工会负责创新工作室相关活动的组织。发挥职工创新工作室的平台作用，落实创新项目助推计划，推动成果转化。

2. 工作室要建立完善的管理制度、台账制度及考核制度，加强日常活动管理，加快创新成果转化，积极推广先进工作法，努力提升职工技能。

3. 工作室实行动态管理，各二级单位工会要做好日常考核工作。直属单位工会实行定期考核和不定期抽查，有下列情形的，应取消命名并摘牌：

（1）考核结果不合格的；

（2）因缺少必要资金、场所、人员导致工作室不能正常运行的；

（3）领衔人或工作室主要成员有违法违纪行为被追究法纪责任的。

模板3－7

创新工作室申报表

电子模板3-7

单位名称：　　　　　　　　　　　　　　　　　　　　　　　年　月　日

工作室名称		创建日期	
所在单位		命名日期	
工作室类型		专业领域	

工作室领衔人情况					
姓名		性别		出生年月	
学历		民族		政治面貌	
专业/工种		技术职务		联系电话	
荣誉称号及获奖年份（或技术职务及获得年份）					

工作室骨干成员情况（可附表）							
姓名	性别	出生年月	学历	政治面貌	技术职务	所在单位	主要分工

续表

<table>
<tr><td colspan="6">工作室经费投入情况</td></tr>
<tr><td colspan="2">年度</td><td colspan="2">投入金额</td><td colspan="2">经费来源</td></tr>
<tr><td colspan="2"></td><td colspan="2"></td><td colspan="2"></td></tr>
<tr><td colspan="2"></td><td colspan="2"></td><td colspan="2"></td></tr>
<tr><td colspan="6">工作室创新成果情况</td></tr>
<tr><td rowspan="3">专利情况（需另附相关证明复印件）</td><td>申报专利数</td><td colspan="4"></td></tr>
<tr><td>获得专利授权数</td><td colspan="4"></td></tr>
<tr><td>获授权专利类型</td><td colspan="2">发明型专利　　项</td><td colspan="2">实用新型专利　　项</td></tr>
<tr><td rowspan="6">创新情况（需另附相关证明复印件）</td><td>创新成果（项）</td><td colspan="4"></td></tr>
<tr><td>成果转化（项）</td><td colspan="4"></td></tr>
<tr><td rowspan="2">获奖成果（项）（同一成果填报最高荣誉）</td><td>国家级</td><td></td><td>省部级或集团公司级</td><td></td></tr>
<tr><td>地市级</td><td></td><td>直属单位级</td><td></td></tr>
<tr><td>完成课题（个）</td><td colspan="2"></td><td>推广操作法（个）</td><td></td></tr>
<tr><td>提出合理化建议（条）</td><td colspan="2"></td><td>解决生产难题（个）</td><td></td></tr>
</table>

续表

<table>
<tr><td colspan="4">工作室人才培养情况
（需列表详细说明人员名单、何时晋升为何种等级、何时获何种荣誉称号等）</td></tr>
<tr><td>培养人才总人数</td><td></td><td>技术技能
晋升人数</td><td></td></tr>
<tr><td>全国劳动模范</td><td></td><td>省部级劳动模范或
全国五一劳动奖章</td><td></td></tr>
<tr><td>集团公司
劳动模范</td><td></td><td>直属单位
劳动模范</td><td></td></tr>
<tr><td>全国技术能手</td><td></td><td>集团公司
技术能手</td><td></td></tr>
<tr><td>直属单位
技术能手</td><td></td><td>高级职称</td><td></td></tr>
<tr><td>高级技师</td><td></td><td>技师</td><td></td></tr>
<tr><td>高级工</td><td></td><td>其他</td><td></td></tr>
<tr><td colspan="4">工作室规范管理情况
（场所建设、制度建设、档案管理等情况）</td></tr>
<tr><td colspan="4"></td></tr>
</table>

续表

<table>
<tr><td colspan="2">工作室业绩简介
（不少于 1000 字）</td></tr>
<tr><td colspan="2"></td></tr>
<tr><td>基层单位
工会推荐
意见</td><td>（盖章）
年　月　日</td></tr>
<tr><td>直属单位
工会审批
意见</td><td>（盖章）
年　月　日</td></tr>
</table>

模板 3－8

中国石化示范性职工创新工作室考核评价标准

电子模板3–8

项目	评审内容	评分标准	分值
有领衔人物（8 分）	领衔人是获得全国劳动模范、全国五一劳动奖章、享受国务院政府特殊津贴的高技能人才和获得中华技能大奖、全国技术能手等国家级荣誉称号的先进个人，或获得集团公司劳动模范、省级劳动模范、省级五一劳动奖章、省级工匠、集团公司技能大师、石化名匠等荣誉称号的先进个人	领衔人获得国家级荣誉称号得 8 分，领衔人获得省部级或集团公司级荣誉称号得 4 分	8
有创新团队（10 分）	1. 团队成员不少于 5 人。团队专业技术结构、学历结构、年龄结构相对合理； 2. 团队成员均能够经常地、深入地参与创新工作室活动	每项 2 分	4
	1. 工作室成员有党员； 2. 有 3 名以上党员的应成立临时党支部或党小组，并定期开展党组织活动； 3. 创建党员先锋岗，并取得工作实效	每项 1 分	3
	工作室有组织机构、人员组成、工作职责、目标任务、成员档案等完整组织体系和分工结构图	组织体系不完整扣 2 分，无分工结构图扣 1 分	3
有计划目标（20 分）	每年至少有 1 个直属单位级（含）以上立项的创新攻关项目或课题	有 1 项攻关项目或课题得 2 分，2 项（含）以上得 4 分	4

续表

项目	评审内容	评分标准	分值
有计划目标（20 分）	1. 围绕创新攻关项目或课题，有工作计划和开展创新攻关措施； 2. 分解制订月度计划； 3. 有年度工作总结	每项 2 分	6
	1. 围绕本单位技术技能培训需求，制订人才培养计划，签订“师带徒”任务书，每名工作室成员至少带徒弟 1 名； 2. 承担本单位及以上层面技能培训活动不少于 4 次	每项 4 分，视完成情况确定得分	8
	1. 制订相关的学习培训计划并落实； 2. 每半年至少组织工作室成员参加 1 次专业技能培训	每项 1 分	2
有管理制度（12 分）	有运行管理、绩效考核、学习培训、创新成果知识产权管理办法等制度	视制度建立情况确定得分	4
	1. 有规范的工作台账记录； 2. 有完善的档案资料管理	每项 2 分	4
	1. 所在单位制定职工创新工作室管理考评制度； 2. 工会、人力资源部门定期对工作室作用发挥情况进行督促检查、考核评比	每项 2 分	4
有场地设施（10 分）	1. 有用于交流研讨、业务学习、创新实践的活动场所； 2. 场所不小于 30 平方米	每项 2 分，未达到标准不得分	4
	配备必要的专业资料、器材工具、办公用品、实验仪器等设施，满足工作要求	视设施配备情况确定得分	3
	1. 有创新工作室标识； 2. 有创新成果、荣誉展示陈列等	第 1 项 2 分；第 2 项 1 分	3

续表

项目	评审内容	评分标准	分值
有经费保障（10分）	所在单位对职工创新工作室每年均有经费支持	视经费支持情况确定得分	6
	1. 所在单位建立职工创新工作室经费管理办法； 2. 经费专款专用，符合财务规定	每项2分	4
有创新成果（30分）	两年之内至少有2项创新课题、攻关项目或培训项目得到直属单位级（含）以上单位的认可或有1项得到集团公司相关部门认可	得到直属单位级认可得5分，得到集团公司相关部门认可得10分	10
	积极参加国家、省、市、集团公司和直属单位职工创新奖评选（包括“五小项目”、QC项目、“两法”命名等）并获奖励	获得国家级奖励的得10分，获得省级奖的得8分，获得市级奖的得6分；获得集团公司级奖的得8分；获得直属单位级奖的得4分；同一获奖项目不重复计分	10
	创新成果获得相应的知识产权	获得1项著作权得2分，获得1项发明专利得4分，获得1项实用新型专利得2分	6
	积极做好创新成果并推广应用	每有1项推广运用的创新成果得2分	4
总分			100分

第四节　先进典型选树

一、工作要求

劳动模范应认真贯彻党的路线、方针、政策，在政治上、思想上、行动上与党中央保持一致，弘扬“爱岗敬业、争创一流，艰苦奋斗、勇于创新，淡泊名利、甘于奉献”的劳模精神和以“苦干实干、三老四严”为核心的“石油精神”，发挥劳模先进榜样引领作用。先进集体应模范执行党的方针政策，遵守国家法律法规及中国石化规章制度，解放思想、勇于创新、完善制度、严格管理、依法经营、诚实守信；在推进社会主义物质文明、精神文明、政治文明建设中成绩显著，促进公司高质量发展。

各级工会应规范劳模先进评选表彰管理，明确评选范围、评选数量和评选条件，坚持公开、公平、公正，坚持规范程序、统一标准和保证质量，坚持向生产一线、市场经营、科研创新等适当倾斜，坚持精神鼓励和物质奖励相结合。

建立劳动模范电子化档案，劳模信息发生变动时及时进行动态调整。

荣誉称号的撤销，参照《中国石化劳动模范和先进集体评选表彰管理办法》4.2条款。

具体工作程序、内容和要求如下：

工作程序	工作内容及要求	附件
发布通知	制定拟表彰先进评选方案，组织评审委员会初审，党委审定后下发	
逐级推荐	按照评选条件及名额分配，基层单位组织开展民主推荐。在总结评比的基础上，自下而上逐级推荐。候选个人（单位）经基层所在单位党政联席会讨论初审后进行公示	
填写上报	基层所在单位填写上报《先进个人（单位）申报表》	模板3－9 模板3－10
组织评审	公司工会统一收集整理推荐材料，对候选名单在遵章守纪、党建考核、遵纪守法、廉洁从业、绩效考核、各类事故、治安保卫等方面相关专业部门进行资格审核，评审委员会提出评审意见	模板3－11 模板3－12
公司公示	以适当形式，在全公司范围内对劳动模范、模范集体候选名单基本情况进行公示	
民主推荐	组织进行量化打分或投票评选，产生劳动模范、模范集体、先进集体初选名单	
审定	根据民主推荐后的名单，报请公司党政联席会审定	
表彰奖励	公司党政联合发文对劳动模范、先进工作者和模范集体、先进集体进行组织表彰。 通过各种渠道广泛宣传先进典型事迹。 对劳模先进进行奖励和荣誉性疗养。在选拔干部、晋升职称、进修培训、生活福利待遇等方面，同等条件下应优先考虑	模板3－13 模板3－14

二、工作流程

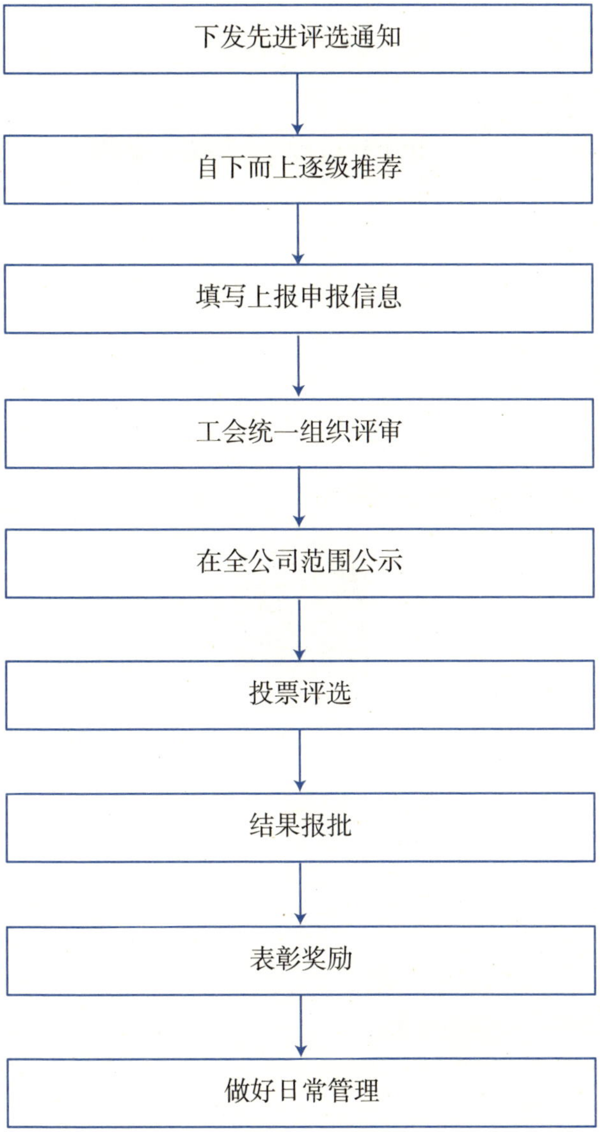
下发先进评选通知
自下而上逐级推荐
填写上报申报信息
工会统一组织评审
在全公司范围公示
投票评选
结果报批
表彰奖励
做好日常管理

三、 常用模板

模板3 –9

××单位劳动模范申报表

电子模板3–9

姓　　名________________

申报单位________________

填表时间：　　　年　　月　　日

填表说明

1. 登记表用 A4 纸正反面打印。

2. 封面“申报单位”填写直属单位全称。

3. “职务或岗位名称”栏，按实际职务或所在岗位填写。

4. “工作单位”栏，填写其所在工作单位的规范全称。

5. “获得何种奖励”栏，填写何时何地因何原因获得何种奖励。

6. “岗位类别”在相应栏括号内划“√”。领导人员是指直属单位中层及以上领导人员。

7. 先进事迹材料要真实准确，评价客观，重点突出，文字生动简练，经审查无误。

8. “签署意见”栏，由相应部门分别填写意见，并盖章。

<table>
<tr><td>姓　　名</td><td></td><td>性　　别</td><td></td><td rowspan="4">2 寸免冠
标准照</td></tr>
<tr><td>民　　族</td><td></td><td>籍　　贯</td><td></td></tr>
<tr><td>出生年月</td><td></td><td>工作时间</td><td></td></tr>
<tr><td>政治面貌</td><td></td><td>文化程度</td><td></td></tr>
<tr><td>工作单位</td><td colspan="4"></td></tr>
<tr><td>职务或岗位名称</td><td colspan="2"></td><td>职称或技术等级</td><td></td></tr>
<tr><td colspan="5">岗　位　类　别</td></tr>
<tr><td>领导人员（ ）</td><td>管理人员（　）</td><td colspan="2">技术人员（　）</td><td>技能人员（　）</td></tr>
<tr><td>获得
何种
奖励</td><td colspan="4"></td></tr>
<tr><td colspan="5">主要事迹（1000 字左右）</td></tr>
</table>

续表

基层单位党政联席会议或其他民主程序审议情况	单位名称（章） 年　月　日

模板3－10

××单位先进集体申报表

电子模板3-10

集体名称________________________

申报单位________________________

填表时间：　　年　月　日

<table>
<tr><td>集体名称</td><td colspan="4"></td></tr>
<tr><td>职工总数</td><td colspan="2"></td><td>负责人姓名</td><td></td></tr>
<tr><td>获得
何种
荣誉</td><td colspan="4"></td></tr>
<tr><td colspan="5">主要事迹（1000 字左右）</td></tr>
</table>

续表

基层单位党政联席会议或其他民主程序审议情况	单位名称（章） 年 月 日

模板 3 – 11

年度公司劳动模范候选对象资格审核表

（专业部门进行资格审核）

电子模板3-11

审核单位（部门）： 审核日期：

序号	单位	姓名	性别	出生年月	政治面貌	学历	职务	主要事迹
审核意见								

模板3－12

××年度公司模范集体候选对象资格审核表

电子模板3-12

（专业部门进行资格审核）

审核单位（部门）：　　　　　　　　　　审核日期：

序号	单位名称	负责人	人数	组建时间	主要事迹
审核意见					

模板 3 – 13

个人荣誉登记表

电子模板3-13

序号	姓名	性别	民族	出生年月	政治面貌	文化程度	职务职称	所获荣誉称号	获奖时间	备注

模板3－14

电子模板3-14

集体荣誉登记表

序号	集体名称	人数	主要负责人	所获荣誉称号	获奖时间	备注

第四章

竭诚服务职工

第一节　帮扶救助工作

一、工作要求

根据《中国工会章程》“办好职工集体福利事业，改善职工生活，对困难职工开展帮扶”及《中国石化帮扶救助工作管理规定》的规定，建立健全直属单位帮扶救助工作制度。

建立帮扶救助基金，多渠道筹措帮扶救助金。直属单位有筹措机制和渠道，能保障帮扶救助基金满足本企业帮扶救助的需要。

建立帮扶救助基金管理使用制度和审核制度，确保基金使用科学、规范、公开。帮扶救助金统一存入专门账户，实行专款专用。

坚持“真困难、真帮助”原则，建立完善本企业特困和困难职工帮扶档案，实行分级分类动态管理。

制定本企业特困职工帮扶救助系列兜底措施，努力做到“不让一个职工家庭生活在贫困线以下，不让一个职工子女因家庭困难上不起学，不让一个职工因家庭困难看不起病”。

坚持分级帮扶救助原则。直属单位承担帮扶救助工作主体责任。集团公司负责帮扶救助政策指导、督促检查直属单位帮扶救助工作，对存在特殊困难的直属单位给予适当资金支持。

建立本企业帮扶救助工作管理规定，规定中须明确帮扶救助的对象和范围、帮扶救助方式与标准、帮扶救助金建立与管理使用、组织机构与职责等内容。

有条件的企业建立网上办理系统，资金使用情况接受相关部门审计。

具体工作程序、内容和要求如下：

1. 企业帮扶救助工作

工作程序	工作内容及要求	附件
收集需求	定期收集本企业困难职工的信息，专门人员对信息进行初步审查，核实信息真实性	模板4－1 模板4－2
资质审核	召开帮扶救助工作领导小组会议，根据本企业帮扶救助工作管理规定，对提报的困难职工进行资质审核，符合条件的，进入帮扶救助人员名单，列出拟帮扶救助的标准	
企业公示	在企业一定范围内公示拟帮扶救助人员的信息，包括姓名、帮扶救助原由及标准等内容	
帮扶救助金发放	公示无异议，对符合帮扶救助标准的职工按相应的标准和方式发放帮扶救助金	
建立完善档案	建立帮扶救助工作档案，每一位获得帮扶救助职工的资料、本次工作过程的相关资料及时整理归档	模板4－3 模板4－4

2. 集团公司帮扶救助金申请

工作程序	工作内容及要求	附件
直属单位申请帮扶救助	提交本企业帮扶救助金申请的请示； 提交帮扶救助工作开展情况及本年度职工帮扶救助汇总表； 提交帮扶救助基金建立、使用情况、帮扶救助金支出、存量及缺口的状况分析材料	
帮扶救助审批	集团公司帮扶救助工作领导小组办公室对直属单位上报材料进行初步审核，审核通过的，书面报告集团公司帮扶救助工作领导小组； 集团公司帮扶救助领导小组成员部门会签； 集团公司财务部会签后上报党组领导审批	
帮扶救助金批准、拨付	申报获批企业上报银行账号、账户名称和开户行； 党组领导批准意见、申报单位统计汇总表报集团财务部； 集团财务部确认、拨付	

3. 送温暖工作

工作程序	工作内容及要求	附件
收集需求	基层工会上报送温暖的需求，包括人数、标准等	
提出建议	公司工会对直属单位的建议进行汇总审核，确定重点慰问对象，讨论、拟定送温暖标准、人员、方式等具体方案	
制定方案	制定送温暖工作方案，报党委同意后下发	
组织实施	按照制定的工作方案，组织送温暖工作，记录工作过程	
总结归档	工作完成有总结，工作资料归档备查	

二、工作流程

1. 集团公司帮扶救助金申请流程

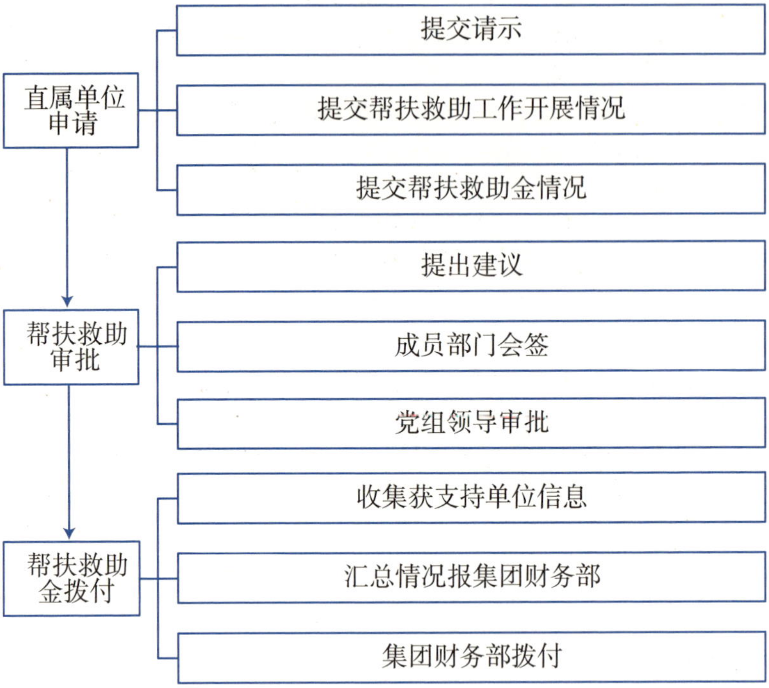

2. 送温暖工作流程

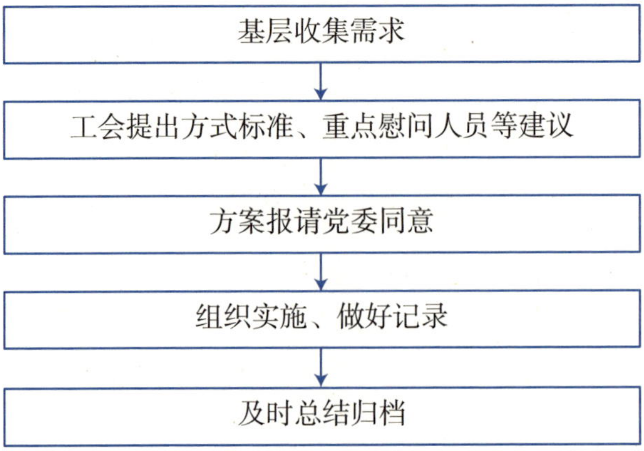

三、常用模板

模板 4 - 1

电子模板4-1

帮 扶 台 账

姓名	性别	年龄	工作岗位	困难类型	家庭人数	人均收入	联系电话	帮扶联系人	备注

模板4－2

电子模板4-2

结对帮扶档案

<table>
<tr><td colspan="2">姓　名</td><td>性别</td><td>出生年月</td><td>困难类型</td><td colspan="2">职工类别（在职、退休、协解、遗属等）</td><td>工作单位</td></tr>
<tr><td colspan="2"></td><td></td><td></td><td></td><td colspan="2"></td><td></td></tr>
<tr><td colspan="2">本人月收入</td><td colspan="2">家庭成员收入</td><td>其他收入</td><td colspan="2">家庭月总收入</td><td>家庭月人均收入</td></tr>
<tr><td colspan="2"></td><td colspan="2"></td><td></td><td colspan="2"></td><td></td></tr>
<tr><td rowspan="6">家庭成员情况</td><td>姓名</td><td>性别</td><td>出生年月</td><td>与本人关系</td><td>职业</td><td>月收入</td><td>单位或学校</td></tr>
<tr><td></td><td></td><td></td><td></td><td></td><td></td><td></td></tr>
<tr><td></td><td></td><td></td><td></td><td></td><td></td><td></td></tr>
<tr><td></td><td></td><td></td><td></td><td></td><td></td><td></td></tr>
<tr><td></td><td></td><td></td><td></td><td></td><td></td><td></td></tr>
<tr><td></td><td></td><td></td><td></td><td></td><td></td><td></td></tr>
<tr><td colspan="2">家庭情况</td><td colspan="6"></td></tr>
<tr><td colspan="2">帮扶措施</td><td colspan="6"></td></tr>
<tr><td colspan="2">家庭住址</td><td colspan="3"></td><td>联系电话</td><td colspan="2"></td></tr>
<tr><td colspan="2">帮扶单位</td><td colspan="3"></td><td>帮扶人</td><td colspan="2"></td></tr>
</table>

模板 4 –3

帮扶救助工作记录

电子模板4–3

被帮扶人		困难类型	
帮扶时间		参加帮扶人员	
救助金额		救助情况	
帮扶内容			

模板 4 –4

××年度帮扶救助工作统计表

电子模板4–4

日 期	姓 名	单位	困难类型	帮扶救助具体原因	帮扶救助金额	年度累计帮扶救助金额

第二节 “走基层、访万家”

一、 工作要求

全面贯彻《中共中央关于加强和改进党的群团工作的意见》和集团公司《关于开展“走基层、访万家”活动的通知》精神，认真落实习近平总书记进万家门、访万家情、结万家亲的要求，加强和改进新形势下党的群众工作，保持和增强工会组织政治性、先进性、群众性，坚持重心下移、力量下沉。通过深入基层班组、走进职工家中，了解基层班组建设情况，摸清职工所思所盼所想，提高推动改革发展、服务职工群众思路举措的针对性、可行性和实效性，不断推进“三标”班组建设，解决职工实际困难，汇聚职工智慧力量，促进企业和谐稳定，为打赢转方式调结构攻坚战奠定坚实群众基础。

加强领导。建立“走基层、访万家”的组织机构，每年制定具体实施方案，列出计划、细化分工、保证时间，扎实推进走访活动，把走访活动打造成接地气、得民心、受欢迎的工会工作品牌。

加大宣传。充分利用报纸、电视和官方微信、微博线上线下等媒体，对走访活动进行广泛宣传报道。及时宣传典型经验、特色做法，营造良好舆论氛围，扩大活动影响力。

经费保障。走访活动中，建议按照不超过150元/人标准，购买经济实用的慰问品用于走访活动。各单位工会可根据地方工会有关规定，制定具体标准，积极争取党政支持，拓宽资金来源渠道。

考核激励。集团公司工会工委将把开展走访活动情况，特别是目标任务落实情况、覆盖率高低等，作为对各单位工会工作重点考核内容，并纳入党建工作考核。各直属单位要召开交流会，适时评选表彰一批在走访活动中涌现出的“职工贴心人”。

具体工作程序、内容和要求如下：

工作程序	工作内容及要求	附件
制定方案	直属单位统计班组和职工的数据，制定“走基层、访万家”的工作方案，落实“走基层、访万家”的经费	
实施“走基层、访万家”	1. 按照“走基层、访万家”的工作方案组织实施； 2. 通过召开座谈会、个别谈心、问卷调查、专题调研等方式进行，并写好走访日记； 3. 按照自愿受访原则，尽量利用业余时间，走进职工家中，拉家常、摸家情、听呼声、增感情。确保困难职工、先进职工、特殊职工家访全覆盖，其他职工可采取灵活多样的方式进行。了解职工思想动态，建立“访万家”职工民情档案	模板 4 – 5
解决困难	对基层班组建设和职工及家庭遇到的困难，力所能及地帮助解决，解决不了的，及时向党政反映，推动问题解决	
效果评估	各直属单位工会定期对活动成效进行评估。评估内容包括目标任务落实情况、“走基层、访万家”覆盖率高低、机关人员改进作风情况、活动促进企业发展的效果	
总结推广	1. 总结典型经验，有可推广的特色做法； 2. 建立完善走访长效机制，确保走访活动常态化、制度化	

二、工作流程

工会负责统计掌握班组、职工情况

↓

拟定走访方案，确定走访形式、慰问标准、
建议参加人员等，报请党委批准

↓

党委同意后，按照方案进行走访前期准备工作

↓

工会制定具体实施方案，做好动员部署工作

↓

结合单位实际开展多层级、多形式、多主题走访活动
注重了解职工思想动态、收集解决职工困难

↓

定期对活动成效进行评估，及时总结典型经验，
推广特色做法，推动建立长效工作机制

三、 常用模板

模板 4 –5

电子模板4–5

职工民情档案

<table>
<tr><td rowspan="4">职工
个人
情况</td><td>姓名</td><td>性别</td><td>民族</td><td>政治面貌</td><td>出生日期</td><td>岗位及
职务</td><td>联系方式</td></tr>
<tr><td></td><td></td><td></td><td></td><td></td><td></td><td></td></tr>
<tr><td colspan="3">用工类别</td><td colspan="3">家庭住址</td><td>婚姻情况</td></tr>
<tr><td>□合同工</td><td colspan="2">□其他用工</td><td colspan="3"></td><td></td></tr>
<tr><td rowspan="4">职工家庭
成员情况
（可选
择填写）</td><td>姓名</td><td colspan="2">关系</td><td>出生日期</td><td colspan="2">工作单位</td><td>联系电话</td></tr>
<tr><td></td><td colspan="2"></td><td></td><td colspan="2"></td><td></td></tr>
<tr><td></td><td colspan="2"></td><td></td><td colspan="2"></td><td></td></tr>
<tr><td></td><td colspan="2"></td><td></td><td colspan="2"></td><td></td></tr>
<tr><td>职工
主要
困难
诉求</td><td colspan="7"></td></tr>
<tr><td colspan="8">走访日记</td></tr>
<tr><td colspan="2">走访人姓名</td><td colspan="2"></td><td colspan="3">走访时间</td><td></td></tr>
<tr><td>走访
体会
或
建议</td><td colspan="7"></td></tr>
</table>

第三节　文体工作

一、工作要求

根据《中华人民共和国工会法》《中国工会章程》"推进企业文化职工文化建设，办好工会文化、教育、体育事业"的规定，参照《中国石油化工集团公司文学艺术界联合会章程》《中国石油化工集团公司体育协会章程》，各直属单位要广泛开展群众性文体活动，积极参加集团公司和上级组织的文体活动。

坚持以人为本，面向基层，面向职工，广泛开展群众性职工业余文化体育活动，增强职工体质，培养职工勇敢、顽强、乐观、拼搏的精神，丰富、活跃职工生活，增强企业凝聚力。认真落实"以优秀的作品鼓舞人，以高尚的精神塑造人"的职责，更好地为中国石化精神文明建设、企业文化建设服务。

发现、培养、推荐文艺体育人才，表彰奖励优秀的人才和成果，促进多出骨干、多出精品。组织文化、艺术、体育等活动，有计划、有步骤、有特色、受欢迎。组织职工参加集团公司和上级组织的文艺展演、体育比赛等群体活动。

总结交流群众性文体工作经验，表彰先进，并按照有关规定，推荐文体工作先进集体和先进个人。落实活动经费，规范经费使用和管理，接受相关部门审计。

具体工作程序、内容和要求如下：

工作程序	工作内容及要求	附件
制定方案	1. 确定活动主题，参加人员范围、活动组织方式、时间、地点安排，以及相关物资准备。制作活动组织工作统筹表； 2. 制定评比规则、奖励标准； 3. 经费申请和落实； 4. 活动相关会议的安排和组织	模板 4－6
方案报批	活动方案按直属单位工作流程上报并得到批准	
活动实施	按照活动方案和工作统筹表组织实施，过程中关注时间节点和安全	
评估总结	1. 方案实施情况评估、职工满意度评估； 2. 总结、宣传活动成果，相关资料整理归档	

二、工作流程

1. “送文化下基层”文艺志愿者服务流程

中国石化文联年初制订“送文化下基层”活动方案，明确全年不同阶段活动主题、宗旨、内容

↓

各专业协会与有关单位文联沟通，根据活动方案制订实施计划，确定活动时间、参加人员范围、具体活动形式，上报中国石化文联审定

↓

中国石化文联审定实施计划，由各专业协会及相关单位文联负责组织实施

↓

活动结束后，各专业协会将活动经验总结上报中国石化文联

↓

中国石化文联每年底将全年活动开展情况汇总，报送中国文联文艺志愿服务中心

2. 中国石化体协裁判员审批流程

由各单项协会组织全系统有执裁能力的员工参加一级、二级、三级裁判员培训班

↓

由各单项协会聘请国际级或国家级裁判授课

↓

各单项协会成立考评领导小组（5~7人组成）

↓

经过理论培训，理论、体能和实检三项考核通过后，由考评领导小组将评审意见建议、考核全部资料和名单上报中国石化体协裁判委员会

↓

中国石化体协召开裁委会会议

↓

按照国家体育总局《体育竞赛裁判员管理办法（试行）》，研究审批

↓

将审批通过的裁判员上报国家体育总局并颁发裁判等级资格证

三、 常用模板

模板 4 –6

庆祝中国共产党成立 100 周年 主题文艺作品创作活动方案

电子模板4–6

为庆祝中国共产党成立 100 周年，大力弘扬伟大奋斗精神，充分展现在党的领导下中国石化取得的辉煌成就，经研究，决定启动庆祝中国共产党成立 100 周年主题文艺作品创作，现制定方案如下：

一、创作主题

以“我心向党”为主题。坚持以习近平新时代中国特色社会主义思想为指导，全面贯彻落实党的十九大、十九届二中、三中、四中全会精神，贯彻落实习近平总书记关于宣传思想工作重要思想和文艺工作重要论述，围绕庆祝中国共产党成立 100 周年，通过内容丰富、形式多样、主题鲜明的文艺作品，回顾党的光辉历程，讴歌党的丰功伟绩，充分展示在党的领导下中国石化改革发展取得的辉煌成就，引导广大职工不忘初心、牢记使命、永远奋斗，弘扬石油精神，传承石化传统，凝聚起建设世界领先企业的磅礴力量，为庆祝中国共产党成立 100 周年献礼。

二、创作内容及方式

（一）报告文学、诗歌、小说、散文等文学作品

以报告文学、诗歌、小说、散文等文学形式，从不同视角讴歌中国共产党百年光辉历程，展现各级党组织在企业发展中的引领保障作用和广大石化党员不忘初心、砥砺前行的奋斗风采。

报告文学作品由作家协会组织重点作者定向创作，诗歌、小说、散文等作品面向系统内广泛征集。拟于2021年6月，通过《中国石化报》、中国石化职工之家微信公众号陆续刊登优秀作品，出版《庆祝中国共产党成立100周年石化职工文学作品集》。

（二）微视频、微电影作品

以微电影、微视频方式，从职工身边的感人小故事、工作闪光点、亲身感受在党领导下中国石化改革发展变化等角度入手，以小见大，展示石化职工悟初心、守初心、践初心、担使命的责任担当，反映中国石化的创业史、发展史、改革史和党建成就。

微视频、微电影作品面向全系统征集，中国石化文联指导胜利油田文联组织1～2部重点微电影作品的脚本编撰、集中创作。拟于2021年5月，通过石化电视台、中国石化职工之家微信公众号展播优秀作品。

（三）歌曲、舞蹈作品

围绕讴歌党的伟大奋斗历程、展示石化发展辉煌成就、展现职工听党话跟党走的精神风貌，面向全系统征集歌曲、舞蹈作品。在全系统普遍征集基础上，组织高水平的文艺志愿者深入基层，汲取创作营养，重点推出一批主题鲜明，构思巧妙，形式新颖，契合时代特点，饱含石化特色，具备感染力、影响力和传播力的歌曲、舞蹈作品。

鼓励各单位通过组织文艺汇演、文艺小分队慰问演出、广场文化活动等方式展演歌曲、舞蹈作品。2020年底，中国石化音乐舞蹈家协会将通过文艺录像调演评选出优秀作品，组织专家深入创作，在2021年中国石化新春团拜会上展示，同时在中国石化职工之家微信公众号进行网上展播。

（四）美术、书法、摄影作品

通过美术、书法、摄影等不同形式，回顾党的百年光辉历程，讴歌党领导中国人民创下的丰功伟绩，特别是全面建成小康社会、决战脱贫攻坚取得的丰硕成果，展现中国石化在党的领导下为国家能源战略发展、为人民美好生活作出的突出贡献，引导广大职工以书言志、以画寄情、以影抒怀，从不同角度抒发对党、对祖国、对石化的热爱，凝聚“爱我中华、振兴石化”和为美好生活加油的强大正能量。

组织专家评选美术、书法、摄影优秀作品，拟于 2021 年 7 月，举办“我心向党”职工美术书法摄影作品展览，同步通过中国石化职工之家微信公众号开设网络展览。

三、时间安排

（一）组织策划阶段（2020 年 5 月）

中国石化文联指导各专业协会、有关单位文联细化创作安排及实施方案，报中国石化文联审定后，由各专业协会、有关单位文联组织实施。

（二）创作征集阶段（2020 年 6 月至 2021 年 5 月）

通过广泛发动、宣传引导、重点创作、集中展示等方式，统筹推进各项文艺作品创作征集，注重提高参与率和覆盖面，把握好创作规律。中国石化文联将给予各协会必要的创作经费支持。

（三）展览展示阶段（2021 年 4 月至 7 月）

各专业协会、有关单位文联组织好各项创作成果汇报及展演展示，中国石化文联统筹安排集中展览展示，在庆祝建党 100 周年前后，集中宣传展示，营造火热氛围。

（四）总结表彰阶段（2021 年 8 月）

总结创作经验，以精神奖励和适当物质奖励结合方式，表彰创作中涌现的优秀作品及表现突出的单位。

四、有关要求

（一）提高站位，加强组织领导

纪念中国共产党成立100周年是一项重要的政治任务，各直属单位工会要高度重视，加强领导，统筹谋划，积极争取本单位党政支持，形成工作合力，抓好工作落实。要充分发挥文联各级协会和文艺骨干作用，广泛发动，积极参与，引导广大干部职工投身主题文艺作品创作的火热实践，抒发爱党情怀，激发报党之志，团结带动广大职工坚定不移听党话、矢志不渝跟党走。

（二）精心创作，严把作品质量

要树立正确选题导向，紧紧围绕中国共产党成立100周年以来的光辉历程、丰功伟绩，以及中国石化在党的领导下取得的突出性贡献，紧扣时代主题、弘扬主旋律进行创作，讴歌党、讴歌祖国、讴歌人民、讴歌石化，坚定广大职工在党的领导下建设世界领先企业的信心和决心。要注重理念创新、内容创新、形式创新，采用广大职工喜闻乐见、易于接受的方式，反复打磨、精心雕琢，推出一批思想精深、艺术精湛、制作精良的文艺精品，向中国共产党成立100周年献礼。

（三）大力宣传，营造浓厚氛围

要注重发掘主题文艺作品创作过程中的好经验好做法，及时宣传表彰创作过程中涌现出的优秀作品以及突出集体和个人，并积极向中国石化文联进行推荐，更好地发挥典型示范引领作用。要综合运用单位所属报刊、电视和网站、微信等线上线下平台，多渠道、多角度、多层次大力宣传所创作的优秀作品，不断扩大创作工作的影响力，强化传播效果，传递正能量，营造纪念中国共产党成立100周年的良好氛围。

模板 4 –7

文艺志愿服务实施方案

电子模板4–7

为宣传贯彻党的十九大和十九届四中、五中全会精神，进一步繁荣职工文艺事业，推动公司持续健康发展，根据公司文联和音乐舞蹈家协会工作安排，拟于 5 月中下旬在 × × 单位组织开展文艺志愿服务慰问演出。为确保慰问演出顺利进行，特制定实施方案如下。

一、时间地点

1. 时间：× ×年 × ×月 × ×日

2. 地点：× ×

二、日程安排

1. × ×月 × ×日：文艺志愿者报到，19：30 召开演员动员会。

2. × ×月 × ×日——× ×日：慰问演出联排、彩排。

3. × ×月 × ×日：19：30 在 × ×举办文艺志愿服务慰问演出。

4. × ×月 × ×日：文艺志愿者返程。

三、参加人员

公司文联领导，× ×单位领导，协会主席团、常务理事、文艺志愿者等，约 ×人。

四、慰问演出节目单

主持人：× ×

1. 开场歌舞《× × × ×》

演员：× ×伴舞、× ×单位（×人，男 ×人、女 ×人）

2. 女声独唱《× × × ×》

演唱者：× ×

3. 相声《××××》

表演者：××

4. 群舞《××××》

演出单位：××（××人）

…………

尾声歌舞《××××》

领唱：全体声乐演员

舞蹈：××单位（×人，男×人、女×人）

合唱：××单位（×人，男×人、女×人）

五、活动经费

文艺志愿者食宿交通、服装道具等费用自理。演出场地布置、设备租赁、会务接送由××单位承担。

六、工作分工

1. 公司音乐舞蹈家协会：负责慰问演出的策划筹备、协调、排练演出组织工作，起草串联词，下发通知，做好宣传工作。

2. ××单位：负责承办慰问演出，搞好演出场地布置、演出设备租赁（灯光、音响、LED 大屏等）、会务接送、安全宣传、职工观摩、节目单印制等工作，组织相关节目参加演出。

3. 文艺志愿者所在单位：负责抽调演员参加慰问演出，并做好保障工作。

模板 4 -8

关于举办职工游泳比赛的通知

为丰富职工精神文化生活，引导职工自觉、便利、科学、文明参与全民健身，定于 8 月上旬举办 × × 职工游泳比赛。现将有关事项通知如下：

一、比赛时间和地点

时间：× × 年 × × 月 × × 日

地点：× × 游泳馆

二、比赛分组和设项

（一）单位分组

A 组：× × 单位组

B 组：× × 机关组

（二）年龄组与设项

1. 男、女青年组（1985 年 1 月 1 日后出生者）

蛙　泳：50 米、100 米

自由泳：50 米、100 米

仰　泳：50 米

男女混合接力：4 ×50 米自由泳、4 ×100 米自由泳

2. 男、女中年组（1984 年 12 月 31 日前出生者）

蛙　泳：50 米、100 米

自由泳：50 米、100 米

仰　泳：50 米

男女混合接力：4 ×50 米自由泳、4 ×100 米自由泳

（注：参加接力为男女各两名队员）

三、参赛资格

1. 参赛队员须是本单位的在册职工（含全日制劳务派遣工），并经医务部门检查证明身体健康，适合参加该项比赛。

2. 每个单位限报领队 1 人，教练员 1 人，运动员青年组男、女各 6 人；中年组男、女各 6 人。

3. 每人限报 2 项，每项限报 2 人；可兼报接力项目，每项每个单位限报 1 队。

4. 参赛单位要认真审查运动员资格和年龄分组，若发现弄虚作假，违反规定者，取消参赛资格和比赛名次、得分。

四、竞赛办法

1. 本次比赛采用国家体育总局审定的最新游泳竞赛规则。

2. 参加比赛的运动员不得无故弃权，未经批准、无故弃权者，取消其后续所有项目参赛资格。

五、录取名次和记分办法

1. 单项名次与记分：单项和接力录取前八名，颁发奖品、证书，按 13、11、10、9、8、7、6、5 记分，接力双倍计分。破纪录者加 15 分。

2. 团体名次与记分：A 组、B 组团体总分分别录取前八名，颁发奖杯、证书。名次按各单位各组男、女得分总和计算，得分多者名次列前，如积分相等，按第一名数多少决定名次，多者名次列前，依此类推。

3. 凡报名不足 8 人、队（含 8 人、队）减一录取；凡某一组少于 3 人、队的则与另一组并组编排。凡两组相加报名不足 3 人、队不予编排，可另报其他项目参赛。

六、报名

参赛单位于××月××日前将报名表、正面近期免冠彩色照片电子版报送××公司工会，××月××日在××会议室召开领队会，请准时出席。

电子模板4-8

第四节　女工工作

一、工作要求

根据《中华人民共和国工会法》《中华人民共和国劳动法》《中国工会章程》《女职工劳动保护特别规定》《工会女职工委员会工作条例》等法律法规开展女工工作。

建全女职工委员会组织，按时换届。基层工会组织有女会员 10 人以上的建立女职工委员会，不足 10 人的设女职工委员。女职工委员会与基层工会委员会同时建立。女职工 200 人以上的直属单位，工会女职工委员会应配备专职女职工工作干部。

直属单位工会女职工委员会委员由同级工会委员会提名，在充分协商的基础上产组成或者选举产生，女职工委员会与工会委员会同时建立，在同级工会委员会领导下开展工作。直属单位工会女职工委员会主任由同级工会女主席或女副主席担任，也可经民主协商，按照相应条件配备女职工委员会主任。女职工委员会主任应提名为同级工会委员会或常务委员会委员候选人。工会女职工委员会主任、副主任名单，与工会委员会选举结果同时报上级工会批准。

签订女职工特殊权益保护专项集体合同（协议），或在集体合同中有专门涉及女职工权益章节，女职工委员会依法表达和维护女职工的合法权益，维护女职工的特殊利益，做好女职工的六期保护，落实法律法规赋予的待遇。

直属单位女职工工作有计划、有总结、有检查、有评比。女职工委员会要积极开展女职工素质提升工程和文明家庭创建，“三八红旗手”“三八红旗集体”“巾帼文明岗”评选等活动，有特色、有典型。直属单位工会组织要重视发现培养优秀女干部，为她们搭建展示才能的平台，并向企业推荐。

具体工作程序、内容和要求如下：

工作程序	工作内容及要求	附件
确定主题	根据本单位要求、工会的总体工作、女职工的期盼，确定本年度三八妇女节活动的主题和形式	模板 4 - 9
制定方案	确定参加人员、组织方式、时间、地点，以及相关物资准备。制定活动方案	模板 4 - 10 模板 4 - 11
组织实施	按活动方案组织实施	
总结宣传	总结活动成果，宣传典型人员	

二、工作流程

五好家庭（和谐家庭）评选流程

工会制定评选“五好家庭（和谐家庭）”活动方案
明确活动意义，制定评选条件、标准、方式等内容

↓

基层单位按照活动方案的要求，
推荐符合条件的家庭报送书面材料

↓

工会收集汇总基层单位的推荐材料对照活动方案进行审核，
初步确定备选家庭

↓

工会会同基层单位，共同深入备选家庭
进行现场考察确定备选家庭

↓

多渠道展示备选家庭事迹，组织职工投票，确定入选家庭

↓

报请党委同意后，对入选家庭进行表彰奖励

↓

积极开展宣传、组织学习“五好家庭（和谐家庭）”
先进事迹，同时做好总结评估

三、常用模板

模板 4 –9

关于开展××年“三八”国际劳动妇女节系列活动的通知

电子模板4–9

为充分展示广大女职工爱岗敬业，无私奉献的精神风貌，进一步激励广大女职工为打造一流企业而建功立业，××（单位名称）工会女职工委员会决定在“三八”国际劳动妇女节到来之际，开展系列活动。现将有关事宜通知如下。

一、评比表彰岗位立功女明星、优秀女工工作者和文明和谐家庭

……

二、召开“三八”纪念大会暨文明和谐家庭演讲

……

三、组织女职工先进代表座谈

……

四、组织慰问生活困难女职工

……

××（单位名称）工会

年　月　日

模板4－10

关于评选表彰××年度岗位立功女明星优秀女工工作者和文明和谐家庭的通知

为深入贯彻落实习近平新时代中国特色社会主义思想和党的十九大、十九届四中、五中全会精神，充分发挥先进女职工的示范引领作用，不断增强新时代广大女职工的自豪感和使命感。××（单位名称）工会女职工委员会决定在××年“三八”国际劳动妇女节前夕，开展评选岗位立功女明星、优秀女工工作者和文明和谐家庭活动。现将有关事宜通知如下：

一、评选对象及评选条件

（一）岗位立功女明星

具有强烈的主人翁责任感，有较高的政治素养，较强的工作责任心，积极参与女职工建功立业活动，在本职岗位上取得突出成绩；勤奋学习，刻苦钻研，爱岗敬业，努力提升自身素质，在岗位练兵、技能竞赛等活动中取得优异成绩；在企业建设发展、安全生产、隐患排查、管理创新创效等方面工作突出。

（二）优秀女工工作者

具备良好的政治素养，有较强的组织能力，组织带领广大女职工开展素质提升建功立业活动；努力维护女职工合法权益和特殊利益等方面成绩突出；工作勤恳踏实，敢于为女职工说话办事，做女职工知心朋友，能够受到女职工一致拥护，从事女职工工作两年以上。

（三）文明和谐家庭

家庭成员遵纪守法，爱党爱国，弘扬社会主义荣辱观；家庭成员爱岗敬业，诚实守信；家庭成员热爱学习，树立终身学习理念；家庭成员崇尚科学，崇尚健康文明生活方式；家庭成员尊老爱幼，邻里之间相处和谐；家庭成员热衷公益，乐于助人。

二、评比办法

（一）各单位工会按照评选条件组织推荐申报工作，认真填写申请表，主要事迹如实填写，重点突出，简明扼要，文字精炼，表格内文字不得超过500字。××月××日前将加盖单位公章的申报表上报公司工会。

（二）公司工会女职工委员会根据上报材料对申报对象进行初审和推荐，报工会常委会审定。

附件：1. ××年度岗位立功女明星申报表

2. ××年度优秀女工工作者申报表

3. ××年度文明和谐家庭申报表

××（单位名称）工会

年　月　日

电子模板4-10

附件 1

××年度岗位立功女明星申报表

<table>
<tr><td>姓名</td><td></td><td>出生
年月</td><td></td><td>民族</td><td></td><td>政治
面貌</td><td></td></tr>
<tr><td>单位</td><td colspan="2"></td><td>职务</td><td colspan="2"></td><td>学历</td><td></td></tr>
<tr><td colspan="8">主要事迹：</td></tr>
<tr><td colspan="8">所在单位意见（盖章）：

年　月　日</td></tr>
<tr><td colspan="8">公司女职工委员会意见：

年　月　日</td></tr>
</table>

附件 2

××年度优秀女工工作者申报表

<table>
<tr><td>姓名</td><td></td><td>性别</td><td></td><td>出生年月</td><td></td></tr>
<tr><td>民族</td><td></td><td>政治面貌</td><td></td><td>学历</td><td></td></tr>
<tr><td>工作单位
及职务</td><td colspan="3"></td><td>从事女工
工作年限</td><td></td></tr>
<tr><td>何时何地
受过何种
奖励</td><td colspan="5"></td></tr>
<tr><td colspan="6">主要事迹：</td></tr>
<tr><td colspan="6">所在单位意见（盖章）：</td></tr>
<tr><td colspan="6">公司女职工委员会意见：</td></tr>
</table>

附件3

××年度文明和谐家庭申报表

<table>
<tr><td>姓名</td><td></td><td>出生
年月</td><td></td><td>民族</td><td></td><td>政治
面貌</td><td></td></tr>
<tr><td>学历</td><td></td><td>工作单位</td><td colspan="3"></td><td>职务</td><td></td></tr>
<tr><td rowspan="3">家庭主要
成员情况</td><td>与本人
关系</td><td>姓名</td><td>年龄</td><td>政治面貌</td><td>学历</td><td colspan="2">工作单位及职务</td></tr>
<tr><td></td><td></td><td></td><td></td><td></td><td colspan="2"></td></tr>
<tr><td></td><td></td><td></td><td></td><td></td><td colspan="2"></td></tr>
<tr><td>主
要
事
迹</td><td colspan="7"></td></tr>
<tr><td colspan="8">所在单位意见（盖章）：</td></tr>
<tr><td colspan="8">公司女职工委员会意见：</td></tr>
</table>

附录：工会工作相关电子文件

中华人民共和国
工会法

中国工会章程

中共中央关于加强和改进
党的群团工作的意见

中华人民共和国
劳动法

中华人民共和国
劳动合同法

中华人民共和国
社会保险法

中华人民共和国
劳动争议调解仲裁法

集体合同规定

最低工资规定

女职工劳动保护
特别规定

工会女职工委员会
工作条例

企业工会工作条例

基层工会会员
代表大会条例

工会基层组织选举
工作条例

中共中央国务院关于构建
和谐劳动关系的意见

中华全国总工会关于推行企业
集团职工代表大会制度的意见

中华全国总工会关于加强
公司制企业职工董事制度、
职工监事制度建设的意见

全国模范职工之家、全国
模范职工小家、全国优秀
工会工作者评选表彰管理办法

中共中央办公厅、国务院办公厅
关于提高技术工人待遇的意见

关于广泛深入持久开展
“五小”活动的指导意见

基层工会法人登记管理办法

中国工会审计条例

基层工会经费
收支管理办法

基层工会预算
管理办法

工会送温暖资金使用
管理办法（试行）

中国石油化工集团公司
工会工作委员会工作规则

直属单位工作（建家活动）
考核评价办法（试行）

关于建立和完善集团公司企事业
单位职工代表大会制度的指导意见

关于全心全意依靠职
工办企业的指导意见

关于进一步加强群众工作
推进民主管理的指导意见

中国石化劳动模范和
先进集体评选表彰管理办法

中国石化帮扶救助
工作管理规定

中国石油化工集团公司
文学艺术界联合会章程

中国石油化工集团
公司体育协会章程

中国石化文联各专业协会
文学艺术活动管理细则

中国石化体协各单项
协会活动管理细则

中国石化“朝阳”文学艺术奖
音乐、舞蹈类作品评奖细则

中国石化“朝阳”文学艺术奖
美术类作品评奖细则

中国石化“朝阳”文学艺术奖
书法类作品评奖细则

中国石化“朝阳”文学艺术奖
文学类作品评奖细则

中国石化“朝阳”文学艺术奖
摄影类作品评奖细则